珍藏本
纪念版

汉译世界学术名著丛书

政治经济学

〔法〕卢梭 著

李平沤 译

商务印书馆
SINCE1897 The Commercial Press

2017年·北京

Jean-Jacques Rousseau
DISCOURS SUR L'ÉCONOMIE POLITIQUE
FLAMMARION, Paris, 1990
根据巴黎弗拉玛尼翁出版社 1990 年版译出

汉译世界学术名著丛书
（120年纪念版·珍藏本）
出 版 说 明

2017年2月11日，商务印书馆迎来120岁的生日。120年前，商务印书馆前贤怀揣文化救国的理想，抱持"昌明教育，开启民智"的使命，立足本土，放眼寰宇，以出版为津梁，沟通中西，为中国、为世界提供最富智慧的思想文化成果。无论世事白云苍狗，潮流左右激荡，甚至战火硝烟弥漫，始终践行学术报国之志，无改初心。

迻译世界各国学术名著，即其一端。早在20世纪初年便出版《原富》《天演论》等影响至今的代表性著作，1950年代后更致力于外国哲学和社会科学经典的译介，及至1980年代，辑为"汉译世界学术名著丛书"，汇涓为流，蔚为大观。丛书自1981年开始出版，历时三十余年，迄今已推出七百种，是我国现代出版史上规模最大、最为重要的学术翻译工程。

丛书所选之书，立场观点不囿于一派，学科领域不限于一门，皆为文明开启以来，各时代、各国家、各民族的思想与文化精粹，代表着人类已经到达过的精神境界。丛书系统译介世界学术经典，引领时代思想，为本土原创学术的发展提供丰富的文化滋养，为推动中国现代学术和现代化进程做出了突出的贡献。

为纪念商务印书馆成立120周年，我们整体推出“汉译世界学术名著丛书”120年纪念版的珍藏本，寄望既利于文化积累，又便于研读查考，同时向长期支持丛书出版的译者、编者和读者致以敬意。

两甲子后的今天，商务印书馆又站在了一个新的历史时间节点上。我们不仅要铭记先辈的身影和足迹，更须让我们的步伐充满新的时代精神。这是商务人代代相传的事业，更是与国家和民族的命运始终紧密相连的事业。我们责无旁贷，必须做好我们这代人的传承与创造，让我们的努力和成果不仅凝聚成民族文化的记忆，还能成为后来人可以接续的事业。唯此，才能不负前贤，无愧来者。

商务印书馆编辑部

2017年10月

译者前言

《政治经济学》[①]是卢梭给《百科全书》第5卷(1755)写的一个词条;译稿于日前杀青,现谨赘数言,略陈该书的文字布局如下:

一、一段长长的引言

在全书开篇那段长长的引言中,卢梭把经济学分为政治经济学或公共经济学与个人经济学或家庭经济学。这样分法,旨在批驳菲尔默等人为绝对君主专制制度辩护的荒谬言论;绝对君主专制制度的鼓吹者把国王比做家长,把臣民比做子女,把王国政府的权威比做家庭家长的权威,主张按家长治理家庭的模式治理国家。卢梭否认这一论调;他着重指出:国家的治理与家庭的治理完全两样,政府不具有家长那样的权威,[②]政府只不过是国家法律的执行者,是从属于制定国家法律的主权权威的。他说:"我在本文论述

① 书名中的"经济学",指的是经世济民之学,即商务印书馆《现代汉语词典》(1997)"经济"一词的第5个义项所说的"治理国家"。

② "父亲的权威是由大自然确立的,而在大家庭中,所有的成员都天然是平等的,所以,用制度规定的权威纯粹是强加的,因此只能建立在约定的基础上。"(见本书第2页)

的公共经济学（我称之为政府的施政）同最高权威（我称之为主权的行使）是有区别的。它们的区别在于：后者拥有立法的权力，而且在某些情况下可以制约国家本身，而前者则只有行政的权力，只能制约个人。”[①]这一区别很重要，卢梭在引言中一再反复加以强调，但须指出的是，卢梭在文中只谈了政府行政权的行使，而没有论述国家的主权权威，看来他是有意识地把这一重大的理论问题留待后来的《社会契约论》中加以阐发。

二、正文的要点

《政治经济学》正文的论述，可以归纳成如下三个要点：

（1）政府必须依法治国。卢梭着重指出，政府的一切举措必须根据法律，必须密切注意它所执行的法律是否得到遵守。他说：“尽管政府不是法律的主人，但它是法律的保证者，有千百种方法使人们热爱法律，治国有方还是无方，就表现在这里。”[②]他提醒人们要防止政府侵害和篡夺主权权威，要严格把政府的权限限制在法律规定的范围以内，这是一个国家良好的政治运作的必要条件。

（2）政府必须十分重视教育问题，必须把公共教育作为政府的主要工作之一。国家是由人民组成的，“你希望人民个个都成为有道德的人吗？那你就使他们从爱祖国开始做起。”他告诉人们：“由于我们生下来就享受了公民的权利，因此，从我们诞生那一瞬间，

① 见本书第5页。

② 见本书第13页。

就应当培养我们如何尽我们的义务。”他指出:“孩子们的教育,其关系之重大,对国家比对其父亲更有过之,因为,按照自然的进程,父亲一死去,他就看不到这一教育的后果如何了,而国家却或迟或早将感受到这一教育后果的影响。”[1]这段发人深省的话,在我们今天具有很大的现实意义,主管教育的部门如能认识到这层关系,制定相关的政策,切实实施,那将是功在当代,泽及后世,为千百万孩子造福的大事业。

(3)书中指出:关心公民的生活,满足公民的生活需要和保护公民的财产不受侵害,是政府应尽的职责。他说:“财产权是公民所有权利中最神圣的权利,在某些方面甚至比自由更为重要。”[2]在国家的财政管理方面,他认为节省政府的开支比增加财政收入更有利于国家和人民;他强调振兴农业和减少农民负担的重要性;他对农村人口的流失十分担忧;他像博丹那样把国有土地的收入作为国家财政的主要收入。他的全部经济理论可以说是重农主义的。他反对奢侈,重农业而轻商业和工业;他谈论经济问题,但他不是从经济学家的角度,而是从道德学家的角度谈论的。每一个时代有每一个时代的政论家:时代造就政论家,政论家引领时代潮流;任何一位政论家都要受他所处的时代的局限,卢梭也不例外,在18世纪中叶问世的《政治经济学》不可能预见到新的工业技术和金融体系即将出现,不可能预料到19世纪的工业革命即将到来,因此,他在书中对经济问题的看法是滞后的。

① 见本书第29页。

② 见本书第32页。

三、译者十年前写的一段读后感

行文至此，回想起十年前我应山东人民出版社之约，撰写《主权在民 Vs“朕即国家”》一书，在撰写过程中曾参阅卢梭的这本《政治经济学》，并就该书的一段话写了一则读后感收入拙作篇末的结束语中，现略加删节，将这段读后感转录如下：

> 就 18 世纪而言，如果说上半叶是孟德斯鸠独领风骚的话，则后半叶就要数卢梭是异军突起，独树一帜。他对科学与艺术对社会发展的影响的看法，和其他哲学家的看法完全相反；他对人类自然状态的描述，与其他理论家的描述迥然不同；他对社会公约所要解决的根本问题的论述，与其他政治学家的论述大相径庭；尤其是，他的主权在民的学说，更是在政治史上破天荒提出一个前人从未提出过的理论，为民主政治制度的建立展现了光明的前景。他研究政治，但并不就政治本身来研究政治，而是把他的努力集中在阐述政治权利的原理。他追溯了霍布斯、格老秀斯、普芬道夫和巴贝拉克等人提出的问题，批评这几位理论家只从“事实”出发，极力肯定国家政治生活现在的样子，而不探讨它应当是什么样子。例如霍布斯认为，如果人们想得到安宁的话，就应当有一个“利维坦”①

① “利维坦”为 Léviathan 一词的音译，意为“鳄鱼”，是威力无比大的“水族之王”，人一见到它就要“丧胆”，不敢“惹它”（参见《圣经·旧约全书·约伯记》第 41 章）。

那样强有力的权威来防止人变成吃人的"狼"。格老秀斯与霍布斯一样，对人类的自然状态也进行了错误的分析，因而认为社会的既定秩序是合法和合理的。

然而问题就恰恰出在这个"秩序"上。卢梭否定了霍布斯等人对人类自然状态的论述，指出"强力并不能构成权利，既成事实并不能说明荒谬的社会制度是合法的和合理的。人不单单是有生活的需要和欲念，而是有意志、理智、良知和感情的，因此，政治问题首先是道德问题，要用良好的道德观念来培育人，使他日臻完善，成为公民"。他说："祖国没有自由，祖国就不能继续存在；有自由而无道德，自由就不能继续保持；有道德而无公民，道德就荡然无存。因此，如果你把人们都培养成公民，那你就一切全都有了。"①②

好一个"一切全都有了！"这是多么令人鼓舞的前景啊！

这段读后感是我十年前读《政治经济学》时写的，没有料到时隔十年之后，承担迻译这本书的工作，回忆往事，谨将十年前写的这段感言转录于此，以纪当时阅读卢梭《政治经济学》的点滴感触。

李平沤

2011 年 10 月 11 日

于北京惠新里

① 这段引文，见本书第 27 页。

② 见《主权在民 Vs"朕即国家"》，李平沤著，山东人民出版社 2001 年版，第 146—147 页。

ÉCONOMIE ou ŒCONOMIE(道德和政治)一词,意为"经济学"。这个词来自希腊文 οἶκος(家庭)和 νόμος(法律);它原来的意思只不过是指:为了全家人的共同幸福而按一定的规矩对家庭进行井井有条的管理。后来,它的意思扩大到对国家这个大家庭进行治理。为了使这两个意思有所区别,人们把后面这个意思称为"公共经济学"或"政治经济学",把前面那个意思称为"家庭经济学"或"个人经济学"。本词条只论述公共经济学或政治经济学。关于家庭经济学,请参见《家长》[①]。

虽说国家与家庭之间是像有些著述家所说的那样有许多密切的关系,但不能因此就认为适合于两个社会之中的这个社会的治理法则也适合于另一个,因为它们之间在大小方面的差别实在太大,所以不能用同一个方式来治理。就家庭的治理来说,一个家庭的家长可以事事躬亲,亲自管理一切,而国家的治理则迥然两样;一个国家的首领是靠别人去替他管理的,而他本人几乎什么事情都不管的。为了能诸事顺遂地胜任家庭治理这项工作,家长的才干、力量和种种本事都必须随着家庭的扩大而扩大,而一个权势巨

① 指《百科全书》中的词条《家长》(PÈRE DE FAMILLE)。——译者

大的君王的头脑，只需像一个普通人的头脑那样活动，足够用来照管他从另外一个人那里继承下来的大帝国就行了。

国家的基础与家庭的基础是大不相同的，因此，一个国家怎么能像家庭那样治理呢？父亲的体力比他的孩子们的体力强，孩子们需要他帮助多久，他就应当帮助他们多久，所以父亲的权威是由大自然确立的；而在大家庭中[①]，所有的成员都天然是平等的，所以用制度规定的政治权威纯粹是强加的，因此只能建立在约定的基础上，[②]官员只有依据法律才能管辖他人。父亲的职责是源自天然的情感，是义不容辞的，而国家的首领们则不是这样；他们对人民只做他们所许诺而人民也有权要求他们做的事。还有另外一个更重要的区别是：孩子们只能获得他们的父亲给予他们的东西；他们的父亲愿意给他们什么，他们才能有什么，全部财产权都属于父亲或来自父亲。而在国家这个大家庭里，情况却完全相反，全部施政的目的都是为了使个人的财产得到保障。在一个家庭里，全家人的劳作的主要目的是为了保持父亲的家业，并使之日益增长，以便有朝一日分给孩子，以免他们陷于贫穷；相反，国库的财富只不过是一种手段（这种手段往往受到人们的误解），其目的是为了保证人们的生活安谧和富裕。小家庭是注定要消失的，将来总有一天分化成好几个家庭，而大家庭的建立是为了永远长存，永远保

① 指在国家中。——译者

② 关于以“约定”做政治权威的基础，卢梭后来在《社会契约论》中再次阐明：“既然任何一个人对他的同胞都不拥有天然的权威，既然任何强力都不可能产生权利，于是，人与人之间就只有用约定来作一切合法权威的基础了。”（卢梭：《社会契约论》，李平沤译，商务印书馆2011年版，第10页）——译者

持原来的状态；前者需要扩大而繁衍，而后者不仅只是需要永存，而且显而易见的是，如果扩大的话，反而是害多于利的。

从事物的性质来看，有好几个理由说明父亲应当在家中占统治地位。首先，父亲和母亲的权威是不可能相等的；掌管家务的权力是统一而不可分割的，在意见有分歧时，必须让那个占主导地位的人做最后决定。第二，虽然有些人认为女人们特有的不便之处关系不大，但它们毕竟使女人有时候不能行动，不能有所作为：单单这一点就足以使女人不能占据主位，因为，当天平的两端完全平衡的时候，只要一根稻草就足以使它向一端倾斜。此外，丈夫对妻子的行为应当进行监督，以确保他必须认可和必须供养的孩子不是别人的而是他的。在这一点上，女人没有这种担心，对丈夫没有这种权利。第三，孩子们首先是由于生活上的需要，其次是由于感恩之心，对父亲应当完全服从；孩子们在前半生受到父亲的供养之后，在后半生便应当供养父亲。第四，至于仆人，他们必须为他服务，才能受到他的供养，不过，只要双方觉得不合适了，他们便可以终止这种关系。在这里，我不谈奴隶问题，因为奴隶制是违背自然的，谁也无权奴役他人。

在政治社会中，就没有以上所说的那些问题。国家的首领不仅对人民的幸福没有任何天然的兴趣，反而要在人民的苦难中寻求他们的利益。王位是世袭的，往往一个小孩子就可以统治大人；即使是选举的，在选举过程中也将出现千百种麻烦。无论在哪种情况下，都不像父子传承那样便当。如果你们只有一个首领，你们就会听任这个没有理由爱你们的主子的任意摆布；如果你们有几个主子，你们就必须既要忍受这几个主子的暴政，而且还同时要忍受他们意见分歧带来的后果。总而言之一句话，这些弊端是不可避免的，它们给整个社会造成的后果是非常严重的，因为在整个社会里，公众的利益和法律都没有任何自然的力量，而且还不断遭到官员和社会成员的个人利益和贪欲的侵害。

尽管家庭的家长与国家的首脑的职责都是为了达到相同的目标，但他们达到目标的道路是如此之不同，他们的义务和他们的权利是如此之迥然有别，以致，如果把它们混为一谈的话，就不能不对社会的基本法产生错误的观念，就不能不对人类社会产生许多严重的错误。的确，天性的声音是一个好父亲为了更好地履行其职责而应当听取的忠言，但对国家的首脑来说，它乃是一个错误的向导，它将使他不断地背离他的职责，使他和国家早晚总有一天遭到毁灭；如果他没有极其崇高的道德素养的话，其结果必然如此。一个家庭的家长唯一需要注意的是：千万不要使自己陷于穷愁潦倒的境地，千万要防止自身的自然倾向日趋败坏，反之，如果国家的首脑顺着他自然的倾向行事的话，那他就必然会走向腐败。为了使一切都做得很圆满，前者只需倾听他自己的良心的声音就行了，然而，如果后者只听从他良心的声音的话，他就必然会背离他的职守，他的理智也将使他走入歧途，因此，他只能遵循另外一条与公众的理智不同的法则：这条法则就是国家的法律。尽管大自然造就了许许多多好父亲，但自从开天辟地以来，人类的智慧造就的堪称治理人民的干才，也许还不到十个。

从以上所说可以看出，把公共经济学和个人经济学加以区别，是有道理的；国家和家庭这两者，除了这两者的首领都有使人生活幸福的义务以外，在其他方面的行事原则便没有任何共同之处，任何一项行事方针都不可能对两者都适用。我认为，单单凭我以上所说的两句话，就足以驳倒菲尔默骑士在他那本《家长制》[1]中提出的那套荒谬理论了；对于他那本书，已经有两个著名的人物[2]撰文详加驳斥了。不过，这个错误的观点，是过去早已有之的，亚里士多德已经有根有据地批评过了，请参见他的《政治篇》第1卷。

请各位读者注意：我在本文论述的公共经济学（我称之为政府的施政）同最高权威（我称之为主权的行使）是有区别的。它们的区别在于：后者拥有立法的权力，而且在某些情况下可以制约国家本身，而前者则只有行政的权力，只能制约个人。请参见《政治》和《主权》[3]。

现在让我姑且打一个比方，尽管这个比方在许多方面都不甚恰当，但有助于读者更好地了解我想陈述的意思。

孤立地看，政治体可以被看作是一个有生命的有机体，同人的身体是一样的。最高的主权机关好比人的头，法律和风俗好比人的大脑、神经系统、理智、意志和感觉，而法官和官员则好比人身上

① 英国骑士菲尔默1680年发表的《家长制》有一个副标题："论国王的天然权力"；从这个副标题可以看出，这位作者是一个绝对君主专制制度的鼓吹者。——译者

② 从《论人与人之间不平等的起因和基础》一书看，这两个著名的人物指的是洛克和席德尼："有些人认为绝对专制政府和各种社会是由父权派生出来的。其实，关于父权的问题，我们用不着去引用洛克和席德尼的相反的论点，只需指出这一点就够了：在世界上，再也没有什么东西比父权的温柔与专制主义的暴虐更大相径庭了，因为父权的行使给服从父权的人带来的好处，比行使父权的人得到的好处大得多。……我们不仅不能说文明社会是由父权产生的，相反，我们应当说父权的主要力量是来源于社会。"（卢梭：《论人与人之间不平等的起因和基础》，李平沤译，商务印书馆2007年版，第106页）——译者

③ 指《百科全书》中的两个词条：《政治》和《主权》。——译者

的各种器官，商业、工业和农业是提供食物的嘴和胃，国库的财富是血液，通过心脏的运作精打细算地把养料和生命力输送到全身，而公民则是推动整个机器运转的躯体和四肢。如果一个人是处于健康状态的话，则任何一部分受了伤，就马上会把疼痛的感觉传送给大脑。

就整个躯体来说，无论哪一部分的生命都是共同的"我"；身体的各个部分是互相感知的，是有内在的联系的。这种联系一停止，统一性便消失了，互相毗连的各个部分就不再是互相关联在一起，而只是并置在一起，其结果将如何呢？其结果必然是：人死亡了，国家解体了。[①]

由此可见，政治体也是一个有意志的道德存在；这个最关心自己的生存和全体与每一部分的福祉的意志是法律的源泉；对国家所有的成员来说，无论是他们相互之间，还是他们与国家之间，它都是衡量正义和非正义的尺度。谈到这里，请允许我顺便说一句：有许多著述家把斯巴达的孩子们要玩弄一套允许他们玩弄的诡计之后才能吃一顿简单的饭菜的做法也说成是罪同抢劫；这种说法实在是毫无道理的，[②]似乎法律允许的事情，做起来也很可能是不

① 请参见《社会契约论》第3卷第11章：《论政治体的死亡》。——译者

② 关于斯巴达人之所以要求孩子们想方设法去争取食物，卢梭在《爱弥儿》中有这样一段叙述："如果你不首先培养活泼的儿童，你就绝不能教出聪明的人来。这是斯巴达人的教育方法；他们在开头并不是教孩子们去啃书本，而是教他们去掠夺他们的食物。斯巴达人到长大的时候是不是因此就非常的愚鲁呢？谁不知道他们说话有力，巧于辩驳？他们战无不胜，在各种各样的战争中把敌人都打得落花流水；卖弄嘴舌的雅典人既害怕同他们说话，也害怕同他们打架。"（卢梭：《爱弥儿》，李平沤译，商务印书馆2007年版，第140页）——译者

合法的。请参见《权利》一文[①]对这个重大的原理产生的根源所做的陈述和它对这个原理的进一步发挥。

需要指出的是，这个正义的法则虽然对所有的公民都是适用的，但对外国人就不适用了，其中的道理是显而易见的：国家的意志对国家的全体成员来说是普遍的，但对其他国家和它们的成员来说，就不是普遍的，而是个别的了；它的正义的法则应当以自然法为准绳，这样做，是符合世所公认的原则的，因为，当世界这个大城市[②]成了政治体的时候，它的自然法就是全世界人民的公意，它下属的各个国家和它们的人民就只不过是个别的成员。

从这个适用于每一个政治社会及其成员的区别中，可以推导出许多可用来判断一个政府是好还是坏的最准确可靠的法则，而且这些法则还可以用来判断人类一切行为是否合乎道德。

每一个政治社会都是由许多不同种类的小社会构成的。这些不同种类的小社会各有各的利益和行为准则。不过，这些社会虽然由于它们有一个外在的形式而为人们所识别，但它们并不是国家之中存在的仅有的社会；由共同的利益而结合在一起的个人还组成许多永久的或短暂的社会，它们的力量也并不像表面上看起来那么小，而且，它们之间的各种关系如果得到很好的保持的话，还将成为社会风气赖以形成的重要因素。正是这些有形的或无形

① 指狄德罗发表在《百科全书》第5卷中的词条《自然权利》。——译者

② 据古罗马政治家和哲学家西塞罗说，斯多葛派哲学家也曾经把世界比作一个大城市："斯多葛派哲学家认为，由神灵统治的这个世界，是神与人共同居住的地方，是神与人共同居住的城市。我们每一个人都是这个世界的一部分，因此，我们应当把我们共同的利益置于我们每个人的个人利益之上。"（西塞罗：《目的论》，第3章）——译者

的社会通过它们表面现象的影响而以各种各样的方式改变着公意的表面现象。[①] 这些个别的社会的意志有两种关系：对个别社会的成员来说，它是公意，而对大社会来说，则是个别意志。这种个别意志，对前者来说是好的，而对后者来说则是不好的。[②] 一个人可能成为虔诚的教士，或者勇敢的士兵，或者热心的律师，但也可能成为坏公民；某个意见对小社会来说也许是有利的，但对大社会来说则是有害的。个别社会始终是从属于那个容纳它的大社会的，所以人们应当首先服从的是大社会而不是个别的小社会，尽公民的义务总是先于尽参议员的义务，尽做人的义务总是先于尽做公民的义务。然而，糟糕的是，个人的利益往往与义务成反比[③]：团体愈小，个人的利益便愈大，对应尽的义务反而不那么严肃认真地对待。不过，人们须知：不可辩驳的事实是，公意始终是最正确的，人民的声音实际上就是上帝的声音。

不过，不能因此就认为公众的意见总是正确的；当涉及对外事

① 对这段话的意思，卢梭后来在《社会契约论》中又做了进一步发挥，请参见《社会契约论》第2卷第3章：《论公意是否会出错误》。——译者

② 后来，卢梭在《社会契约论》中进一步阐明："但是，如果有人玩弄阴谋，形成了牺牲大众利益的小集团，则每一个这种集团的意志对其成员来说就成了公意，而对国家来说，就成了个别意志，这时候，我们可以说，就不再是有多少人就投多少票，而只能是有多少小集团就投多少票了。"（卢梭：《社会契约论》，李平沤译，商务印书馆2011年版，第33页）——译者

③ "在一个完善的立法体系里，个别意志或个人的意志等于零，是不起任何作用的；政府本身的意志完全是从属的，因此只有公意即主权者的意志始终占主导地位，是其他各种意志应当遵循的唯一标准。

然而，按照自然的秩序，情况却恰恰相反，在这些不同的意志中，哪个愈是能集中，哪个便愈趋活跃，因此，公意总是最弱的，团体的意志居第二位，个别的意志则占据这几种意志的首位，结果，政府的每个成员首先是他自己，然后是行政官，再往后才是公民，这和社会秩序要求的顺序正好完全相反。"（同上，第70页）——译者

务时,公众的意见就往往不正确了,其中的道理,我在前面已经说过了。一个治理得很好的共和国也可能打一场非正义战争,一个民主制国家的政府也可能发布一些错误的法令和惩办无辜的人,不过,这些情况也只是在人民受到私利的引诱以及某些手段高强的人用他们的威信和花言巧语蒙蔽了人民的时候才会发生。在这种情况下,公众的意见是一回事,而公意是另外一回事,两者是不能混为一谈的。有些人用雅典的民主制来反驳我,那是驳不倒我的,因为雅典实际上不是一个民主制国家,它是一个由一群徒逞口辩的知识阶层人士统治的暴虐的贵族制国家。只要细心观察一下任何一次公众集会,你就会发现公意总是以共同的幸福为依归的,不过,会中也隐藏着一种分裂的倾向,一种为了达到个人的目的而与公众集会的自然情绪相背离的小团体意识。因此整个社会将分化成许多小社会,每一个小社会的成员有一个公意。对这些新的小社会来说,这个公意是好的和正确的,但对它们从其中分化出来的那个大社会来说,则是不好的和不正确的。

根据这些原理,人们就可以很容易地解释许多人的行为中的矛盾现象:他们在某些方面行事十分稳重和端正,而另一方面又行事十分奸诈,坑蒙拐骗无所不为,无视最神圣的天职,而至死都效忠于不合法律的承诺;有时候最堕落的人也对公众的信仰怀有某种敬意,正如《自然权利》一文中所说的:在大社会中最不讲道德的匪徒在他们的巢穴中也供奉着代表道德的神灵。[①]

① 参见狄德罗《自然权利》中的这样一段话:"啊!道德是如此之美好,以致强盗也在他们的强盗窝里供奉着代表道德的偶像。"(《自然权利》见《百科全书》第5卷第116页)——译者

既然把公意看作是公共经济学的第一原则和政府的基本法则，我认为，就没有必要再探讨究竟是官员属于人民还是人民属于官员，①也没有必要再探讨在公共事务中究竟是以国家的利益为重还是以首领的利益为重了。这个问题早就通过实践和理论解决了。一般地说，希望事实上掌权的人把别人的利益看得比他自己的利益更重要，这实在是一种妄想，是办不到的。因此，我们还可以把公共经济学分成人民的经济学和暴君的经济学；②前者表现在整个国家之中人民与首领之间的利益和意志是统一的，而在后者，政府同人民的利益是处处都不同的，因此政府同人民的意志是相反的。后者的行事准则在史书和马基雅维里的讽喻作品里③随处可见，而前者则只见于那些敢为人类的权利而大声疾呼的哲学家的著作中。

（一）合法的或人民的政府，即以人民的福祉为依归的政府，其

① 在《社会契约论》第1卷第2章中有这样一段论述："按照格老秀斯的说法，究竟是全人类属于某一百个人，还是这一百个人属于全人类，就值得怀疑了。从他在他的著作中发表的见解来看，他是倾向于赞成前一种看法的；这也是霍布斯的意见。按照这种看法来办的话，整个人类就会被分成一群一群的牛羊，每一群牛羊都有它们的首领，首领之所以保护它们，为的是吃它们。"（卢梭：《社会契约论》，李平沤译，商务印书馆2011年版，第6页。）——译者

② 在这里，卢梭把一切按公意治理的国家称为"人民的"，把按首领个人意志统治的国家称为"暴君的"。后来在《社会契约论》中，他不再使用这两个词，而改用意思较为明确的词。他说："凡是按法律治理的国家，不论它的政府是什么形式的政府，我都称它为'共和国'。……一切合法的政府都是共和制的。"（卢梭：《社会契约论》，李平沤译，商务印书馆2011年版，第34页）"我把篡夺王权的人称为'暴君'，把篡夺主权权力的人称为'专制主'，暴君是一个虽干预法律但是是按法律进行统治的人，而专制主则是把自己置于法律本身之上的人。可见暴君不一定是专制主，而专制主则必然是暴君。"（同前第99页）——译者

③ 指马基雅维里的《君主论》。——译者

行事的原则是，正如我在前面已经说过的，凡事都要遵循公意。为了遵循公意，就必须了解公意，尤其要一开始就从自身做起，把公意和个别意志严加区别；这个区别是很难做出的，是需要最高尚的道德修养给以足够的启示的。由于每个人都必须自由，才能运用自己的意志，因此，另外一个同样大的困难是：如何着手，才能既保证了公众的自由，又同时保证了政府的权威。对促使那些由于互相的需要而结合在大社会中的人们为什么会通过政治社会而更加紧密地联系在一起的动机一加研究，你就会发现，这个动机不是别的，乃是为了在保护全体成员的财产、生命和自由的过程中保护每个成员的财产、生命和自由。怎样才能在保护他们当中的一个人的自由的过程中不损害另一个人的自由呢？怎样才能既满足公众的需要而又不损害一个被迫做出贡献的人的个人财产呢？无论人们用什么样的诡辩来辩解这些问题，但确切无疑的事实是，如果有人约束我的意志，那我就不再自由了；如果他人能随意动用我的财产，我就不能做我的财产的主人了。这个好像是不可克服的难题，随着第一个难题通过人类社会最美好的制度，或者说得更确切一点，通过上天的启示（它教导人们在地上要按照神制定的永恒的法则行事）被克服之后便消除了。用什么样的难以想象的巧妙手段才能做到表面上好像是在约束人而实际上是在使之自由呢？如何才能使所有的成员都能在既不强迫他们而且又不同他们商量的情况下把他们的财产、体力甚至生命都用来为国家服务呢？怎样才能使他们自愿把他们的意志结合在一起呢？怎样才能使他们自己改变拒绝的态度而表示同意呢？怎样才能使他们在做了不该做的事情之后自己惩罚自己呢？怎样才能使他们在服从的时候不感到是在被奴役呢？怎样才能使他们在为他人服务的时候而不感到是在听命于一个主人呢？怎样才能使人们表面上看起来受到束缚而实际上享有充分的自由，既不损失自己的自由又不损害他人的自由呢？这一切奇迹都是依靠法律来实现的，只有依靠法律才能实现公正与自由。人与人之间之所以能在权利方面达到天然的平等，也靠的是这个表达所有人的意志的有力的工具。正是这个天国的声音使每一个公民听从公众的理性的指导，教导他如何按照自己的判断行事而不使自己做出背离自己意志的荒谬行为；国家的首领在行使权威时，也只有依据法律来发言，因为一脱离了法律，一个人以为自己可以强迫另一个人服从，他便立刻脱离了社会状态，对另一个人处于纯粹的自然状态；在这种状态下，另一个人只是由于情况的必要才对他表示服从。①

由此可见，国家的首领最紧要的和最不可推卸的责任是密切注意他所执行的和他的权威赖以建立的法律是否得到遵守。既然他要求别人遵守法律，那他本人就更应当遵守法律，何况他享受到了法律给他带来的种种好处。他的榜样有如此之大的力量，以致，即使人民容许他摆脱法律的束缚，他也应当千万小心，不能利用这一特权，因为这个特权是那样的有害，以致不久以后其他的人也会竞相效尤，窃取这一权利，其结果，受害的人往往就是他。由于所有一切社会公约的性质决定了双方的权利和义务是相互的，所以，

---

① 卢梭认为："向强力屈服，是一种必要的行为，而不是一种意志行为，顶多只能是一种明智的行为，它怎么能变成一种义务呢？……强力不构成权利，人们只能对合法的权威才有义务服从。"（卢梭：《社会契约论》，李平沤译，商务印书馆 2011 年版，第 9—10 页）——译者

谁想高居在法律之上而又不失去法律的好处，那是不可能的；一个人如果对任何人都不承担义务，那他也休想人家对他承担任何义务。同理，一个良好的政府是不能以任何名义宣称某人是例外，不受法律的约束；即使是对祖国有重大贡献的公民，也只能奖他以荣誉而不能奖他以特权，因为，只要有人以为不服从法律并不是一件大不了的事情，共和国就有覆亡之虞；万一某个贵族或军人或其他等级的人也如此行事的话，则一切都将陷于万劫不复的境地。

法律的威力不仅只是来源于执法人的严厉。而更多的是来源于法律本身制定得很明智。公意之所以有巨大的影响力，完全是由于指导公意的理性是正确的。柏拉图之所以坚决主张在每一部法典的开头要精心加写一篇表明该法典的公正和效用的言简意赅的序言，其原因就在于此。法律中的第一条法律是遵守法律，而严刑峻法只不过是目光短浅的人凭空想象出来的笨办法，是试图用恐吓的手段来代替他们不能取得的对法律的尊重。人们发现，刑罚最可怕的国家，往往就是滥施酷刑的国家，因此，刑罚的残酷，只不过表明破坏法律的人为数众多；如果对罪犯不分轻重一律严惩的话，那将促使罪犯为了逃避对他们的小过错的惩处反而去犯更严重的罪行。

尽管政府不是法律的主人，但它是法律的保证者，有千百种方法使人们热爱法律：治国有方还是无方，就表现在此。即使首领手中有权威，但他没有办法使所有的人都战栗，更不能保证他能赢得人心。经验早已证明：只要首领不对人民做坏事，人民就会感激他们，而且，只要首领不怨恨人民，人民就会爱戴他们。一个傻子也能像别人那样惩罚犯罪的人，但真正的政治家则善于防止人们犯罪，他把他可敬的威信侧重于多用来影响人的意志，而少用来影响人的行为。如果他能使所有的人都一心做好事,那他本人就用不着亲自动手做什么事情了。他的全部才情的运用之妙,就妙在他能垂拱而治;当然,首领的最大才能是使他的权威不形之于外表,不使之招人憎恶;他是那样平和地治理国家,以致好像是无需派官员去引导也能很好地治理似的。

因此,我认为立法者的首要任务是要使法律符合公意,公共经济学的第一条法则是使政府的施政要符合法律。只要立法者处处都按照地方、气候、土壤和风俗的特点以及与邻国的关系和他为之立法的人民的种种特殊的关系立法,则国家就不会治理得很糟糕。[①] 这倒不是说他应当把行政和经济方面许许多多数不清的大事小事都放手不管,交给政府去妥善处理,而是说他在这些情况下为了把工作做得很完善,就需要着重遵循两条准确可靠的准绳。这两条准绳,一条是法律的精神:在法律没有预见到的事情中,他应当按照法律的精神去裁决;另一条是公意:公意是法律的源泉和补充,在无法律条文可依据的情况下就诉诸公意来解决。也许有人会问我:在公意的表达不明显的情况下,应如何识别公意呢?在每一次处理意外的事情时是不是都需要召开全体人民大会呢?我的回答是:尽可能不召开,[②]因为在这种情况下召开的人民大会做

① 参见卢梭《社会契约论》第2卷第11章:《论各种不同的立法体系》和第3卷第8章:《论没有任何一种政府形式适合于一切国家》。——译者

② 后来在《社会契约论》中,卢梭倾向于多召开人民大会;他说:"除了因意外的情况而举行的特别会议以外,人民还需要举行绝对不能取消或延期的固定的和按期举行的集会,以便人民在规定的日子可以按照法律合法地举行会议,而不需要经过任何其他的召集手续。"(卢梭:《社会契约论》,李平沤译,商务印书馆2011年版,第102页)"人们也许会说,把人民全都集合起来,这简直是在说梦话!这在今天虽然是办不到的梦呓,可是两千年前却不是办不到的。"(同前第101页)——译者

出的决定不一定是真正的公意，而且对一个人数众多的国家来说，这个方法也是难以采用的，何况在一个一心为公的政府治理下，也是不需要的；首领们十分清楚，公意始终是倾向于采纳对公众利益最有利的和最公正的办法的，因此，为了能准确无误地遵循公意，只需处事公正就行了。如果有人肆无忌惮地公开违背公意，公意就会不顾政府权威的可怕束缚而以明确的方式表达出来。在这里，我以我能找到的例子来说明在这种情况下应当采取的做法。在中国，[①]当官员和人民之间发生争执的时候，君主总是归罪官员的。某省的粮价上涨了吗？他就把该省主管粮政的官员关进监狱治罪；某省的百姓闹事了吗？该省的督抚就会被革职；哪个县出了乱子，该县的县官就得承担责任。这种先让官员担责的做法，并不意味着事后就不正式依法审理，不过，在正式审理前根据长期的经验先做出这样的处理，常常是处理得很正确的，处理不当的情况是很少的；皇帝深知民怨沸腾总是事出有因的，通过对他所惩办的乱民的怨声的分析，总是能找到消弭人民不满情绪的办法的。

能够使一个共和国到处都呈现出一片秩序与和平的景象，那是很了不起的成就；能够使举国承平，人人都遵守法律，那也是很了不起的成就。不过，如果人们只满足于此，而无进一步的追求，那就只不过是表面的成就多，而实际的成就少。如果政府只一味

① 卢梭的《政治经济学》发表于1755年，时为清朝乾隆时期，书中有三处提到中国，但都没有说明资料来源，看来大部分是取自当时来华的传教士写的回忆录和游记之类的作品，因此有些地方不完全准确，例如他说“某省的百姓闹事了吗？该省的督抚就会被革职，”而实际情况却不完全是这样，相反，清政府以武力镇压“闹事的”百姓的事例是不少的。——译者

要求人民服从，那它就很难得到人民真心的服从。虽说按照人们的实际情况使用人，是件好事，但更加美好的是：你需要他们成为什么样的人，他们就能成为什么样的人。绝对的权威是能深入人心的权威，不仅能指挥人们的行为，尤其能指挥人们的意志。肯定无疑的是，人民归根到底总是政府想使他们成为什么样的人，他们就将成为什么样的人。政府想使他们成为好战的军人、公民或一般的普通人，他们就将成为好战的军人、公民或一般的普通人；政府若一时高兴，想使他们成为无知无识的群氓或恶棍，他们也只好成为无知无识的群氓或恶棍。凡是藐视其臣民的君主，实际上无一个不是在羞辱他们自己，因为他们不知道如何使他们的人民成为可敬爱的人。因此，如果你想指挥人，你就首先需要培养人；如果你要求人们服从法律，那你就首先需要使他们热爱法律。为了做你应该做的事，就须时时想到如何把事情做好：这是古代的政府的行事要诀。在哲人为人民立法的远古时代，只是为了使人民聪慧和幸福才行使他们的权威；他们非常谨慎地制定了一系列限制奢侈的法律和移风易俗的规章并保留或抛弃公众中的某些行事准则。就连暴君也没有忘记这是政府施政中的重要事情；我们发现：他们像官员们想方设法改正公民们的风俗那样想方设法败坏他们的奴隶的精神。我们今天的政府以为把钱弄到手里就万事大吉了，从来不动脑筋想一想它们应当而且也完全可以把事情做得更好。

(二)公共经济学的第二条基本法则(其重要性并不亚于第一条法则)。你希望公意得到全面一致的表达吗？那你就想办法使所有的个别意志与公意紧密联系起来；由于道德只不过是个别意志与公意的这种一致性的表达，因此我们可以用这样一句话来把这个意思概括如次：使道德蔚然成风，则个别意志与公意就完全一致了。[①]

如果政治家们不由于自己的野心作怪而那么眼光狭隘，他们就会发现：无论什么样的政府，如果不按法律行事，就不可能按照它当初组建时的目的而运作；政治家们还将发现，公共权威最大的活力存在在人民的心中；若想维系政府的存在，则任何事物都不能代替风俗和习惯的力量。[②] 只有品行端方的人才能执掌法律，只有诚实的人才知道服从法律的重要性。凡是敢抗拒良心谴责的人，都是不怕以身试法的；刑罚稍一松弛，他们就试图侥幸逃脱法律的惩罚；无论人们采取怎样的预防措施，那些做了坏事而试图逃

① 关于道德在政治社会生活中的作用，卢梭在《社会契约论》中有这样一段叙述："人类从自然状态一进入社会状态，他们便发生了一种巨大的变化：在他们的行为中，正义代替了本能，从而使他们的行为具有了他们此前所没的道德性；只是在义务的呼声代替了生理的冲动和权利代替了贪欲的时候，此前只关心他自己的人才发现他今后不能不按照其他的原则行事，即：在听从他的天性驱使前先要问一问他的理性。"（卢梭：《社会契约论》，李平沤译，商务印书馆 2011 年版，第 24 页）——译者

② 同孟德斯鸠一样，卢梭也认为法律和政府权威的维系应当靠风俗的力量多于靠刑罚的力量；而风俗的形成，则有赖于立法者的努力。他在《社会契约论》第 2 卷第 12 章《法律的分类》中说："除了这三种法律之外，还应当加上第四种法律。这是各种法律之中最重要的一种。这种法律既不镌刻在大理石上，也不镌刻在铜表上，而是铭刻在公民们的心里，只有它是国家真正的宪法。它每天都将获得新的力量；在其他法律行将衰亡失效的时候，它可以使它们获得新生或者取代它们。它将使一个国家的人民保持他们的创制精神，用习惯的力量不知不觉地去取代权威的力量。我说的这种法律是风俗和习惯，尤其是舆论。这一点，尚不为我们的政治家们所认识，但其他的法律是否能有效地实施，却完全取决于它。伟大的立法者无不为实现这一点而不声不响地悄悄工作着。它看起来好像只不过是一些个别的规章，但实际上，个别的规章只不过是穹隆的支架，而唯有慢慢形成的风俗才是最后构成穹窿顶上的不可动摇的拱顶石。"（卢梭：《社会契约论》，李平沤译，商务印书馆 2011 年版，第 61—62 页）——译者

脱惩罚的人总是有办法规避法律的制裁或惩罚的。如果所有一切个人的利益都联合起来损害公众的利益，[①]则人的恶行削弱法律的力量就会大于法律制裁恶行的力量；人民和首领们的腐败风气就会一直发展到影响政府的施政，不论该政府是多么的贤明，它都会受其影响。坏事之中最坏的事，莫过于披着服从法律的外衣放手违反法律，从而使最好的法律也变成最坏的法律；如果这样的话，宁可一个法律也没有；把它们都废除了，反而比它们存在的时候好得多，因为，在这种情况下，即使颁布一道又一道的法令，制定一项又一项的规章，都是没有用的，不仅不能纠正已有的流弊，而且还将带来新的弊端：你的法律制定得愈多，你将愈使它们遭到轻视；你所派去的巡视员都将成为新的违法分子，与老的违法分子同流合污，一起破坏法律，或者单独谋取他们个人的私利。这时候，道德不受尊重，强盗行为反而受到表彰；最坏的人竟然成为最受信任的人，愈是可鄙的人反而愈受人敬仰，他们的可耻行径竟被看作是一副尊贵的样子；原本名誉扫地的人居然成了最体面的人，他们暗通官府或托庇于名媛贵妇，以便利于他们践踏正义、逃避公民应尽的职责和侵害国家的利益。人民过去不明白造成自己的苦难的第一个原因是自己的做法错了，现在只好徒唤奈何地连声哀叹：

① 在《社会契约论》中有这样一段发人深思的话："当国家濒于崩溃，只能以一种残破不堪的形式苟存的时候，当社会的纽带在所有人的心中都断裂的时候，当卑鄙的私利厚颜无耻地披上神圣的公共福利的外衣的时候，公意就沉默了。每一个人都在心中打自己的小算盘，谁也不像公民那样发表意见了，好像国家从来没有存在过似的。不仅如此，而且，有些人还假冒法律的名义来通过种种不公正的规章，以取得个人的私利。"（卢梭：《社会契约论》，李平沤译，商务印书馆 2011 年版，第 116—117 页）——译者

“我的一切苦难都来自那些我花钱请他们来保护我不受苦难的人。”

现在，首领们已不能再利用人们竞相履行天职的呼声（它早已从人们的心中消失）去动员人们，而只能用恐吓的手段吓唬人们或者用骗人的表面利益诱惑人们，才能役使人们了。现在，首领们要玩弄种种见不得人的诡计（他们称之为“国家大事”或“内阁机密”）才能达到他们的目的了。政府剩下的那一点点儿力量，全都被它的成员们消耗在钩心斗角和互相倾轧的斗争中，而国家的事情却被撂在一边，无人过问，或者，只是在涉及某些人的个人利益时才去办理。大政客们最惯用的手段是迷惑那些符合他们需要的人的眼睛，使他们每一个人都以为是在为自己的利益工作，但实际上是在为政客们的利益工作；我说的是政客们的利益：官员们的真正利益是，使人民处于软弱无力的境地，才好压制人民，使人民陷于破产，才好占有人民的财产。

只要公民们热爱自己的天职，只要公共权力的行使者一心以自己的模范行为来培养这种爱，则一切困难都将完全消除，政府的工作也会顺利进行而无需玩弄那些幕后操作的诡计。那些既令人害怕又令人十分称道的手腕高强的人，以及那些以人民的疾苦造就自己的勋业的大臣，即使一个也没有，也将无人感到遗憾。公众的良风美俗将代替首领们的才能；道德愈风行，奇才异能之士便愈不为人所需要。官员们的抱负是如何恪尽自己的职责，而不是如何窃取权力。只要人民深信他们的首领是一心为人民的幸福而工作，他们就会以他们的尊敬态度使首领们明白无需为巩固自己的权力而操心。史书上随处可见这样的记载：人民给予那些爱他们并为他们所拥戴的人的权力比篡权的暴君的权威大得多。这并不是说政府应当缩手缩脚地行使权力，而是说政府只能够按照合法的方式行使手中的权威。因懦弱无能而被赶下台的胆怯的首领，以及因狂妄自大而被推翻的野心勃勃的首领，有千百个，但因为人公正而遭唾弃的首领却一个也没有。不过，人们切莫把疏忽和稳重、把懦弱与温和混为一谈。若想处事公正，就必须一切按规章办理；容忍那些我们有权力和权利制裁的坏人为所欲为，就等于我们自己就是坏人。

只告诉公民们要为人善良，这还不够，还必须教导他们如何为人善良。在这一点上，以榜样示范，是我们应当采取的第一个方法，但不是唯一的方法；培养公民们对祖国的爱[①]才是最有效的方法，因为，正如我已经说过的，只要一个人的个别意志完全符合公意，这个人就是正直无私的；我们所喜爱的人希望什么，我们当然也希望什么。

看来，人类的感情在向全世界扩展的过程中将日趋淡化。我们对鞑靼海峡或日本遭受的灾害的感受，就不像我们对一个欧洲国家的人民遭受的灾害的感受那么深。必须用某种方法使人们的

① 需要指出的是，卢梭笔下的“对祖国的爱”，与19世纪在欧洲兴起的民族主义者的“对祖国的爱”是不同的。他认为，对祖国的爱首先是爱一个所有的公民都能平等和自由地生活的国家。正如他在后文所说的：“祖国没有自由，祖国就不能继续存在；有自由而无道德，自由就不能继续保持。”1764年3月1日他在致一位友人的信中对这一点阐述得更详细，他说：“不是有了城墙和人就能构成一个国家的；国家的构成靠的是法律、风俗、政府和宪法以及由这一切产生的生活方式。国家存在于国家与其成员的关系之中；这一关系一发生变化或消失，国家就不存在了。”（卢梭：《通信全集》，第10集，第337页）——译者

爱心和怜悯心局限于一定的范围，才能使之活跃起来。由于我们的这种倾向只对我们必须与之共同生活在一起的人有用，因此，我们应当在同胞之间努力培养这种人道主义精神，使它通过同胞们的朝夕相处和经常往来以及把他们联系在一起的共同利益而更加发扬。一切最高尚的道德行为都产生于对祖国的爱；这种把强烈的自尊心与美德结合在一起的活跃的感情，将使道德获得一种新的力量，使它成为种种激情之中的最崇高的激情，从而产生许许多多使我们感慨万千的留传后世的不朽的事业和许许多多其古道热肠的行为在人们对祖国的爱受到嘲笑的时候被视为懦弱的表现的伟大人物。对于这种情况，我们用不着感到吃惊；温柔之心的情操在那些对之毫无感触的人看来是虚幻的；比对一个情人的爱更甜蜜千百倍的对祖国的爱，是只有亲身感受过的人才能想象得到它是多么动人；在它所温暖的人的心中，在它所激励的种种行为中，要表现这种炽热的崇高感情是很容易的，然而，即使是最纯洁的美德，只要它一脱离了对祖国的爱，它就不再有耀眼的光辉了。现在让我们把苏格拉底与卡托[①]做一个比较：前者是哲学家中的佼佼者，后者是公民中的佼佼者。雅典早已毁灭，苏格拉底只能以世界为他的祖国，而卡托则始终心系祖国，他是为祖国而生的；没有祖国，他也就无法生活在这个世界上。苏格拉底的道德是人类当中最贤明的人的道德；与恺撒和庞培相比，卡托好像是人类当中的一位神。苏格拉底只教育了几个人，一生与诡辩学家作斗争，为真理

① 苏格拉底（约公元前 470—前 399）：古希腊哲学家；卡托（约公元前 95—前 46），人称“乌迪克的卡托”，古罗马政治家。——译者

而死，而卡托则为保卫国家、自由和法律并为反对世界的征服者而奋斗了一生，当他发现没有他可为之效力的国家时，他就离开了这个世界。苏格拉底的最好的弟子是他同时代人当中的最有道德的人，而卡托的最好的后继者则是他同时代人当中的最伟大的人。前者的道德将使自己十分幸福，而后者的道德是以大家的幸福为自己的幸福。前者教育我们，而后者引导我们；单单这一点就使我们知道我们最好是以后者为师，因为，我们不可能使一个国家的人民全都成为贤者，但使一个国家的人民全都幸福，则不是不可能的。

你希望人民个个都成为有道德的人吗？那你就使他们从爱祖国开始做起；不过，如果祖国对他们也像对外国人那样对待，如果它只给予他们它对谁都不能拒绝不给予的那一点点东西，他们怎么能热爱这个祖国呢？如果他们享受不到人身安全，如果他们的财产、生命和自由听任强者任意侵凌，无法得到或者不敢诉诸法律的保护，则他们的处境必将更加糟糕。他们一方面担负着对国家应尽的义务，另一方面又享受不到自然状态允许他们享受的权利，不能用他们自己的力量保护自己，其结果，必将使他们陷入自由的人们所处的最坏的境地，这样下去，“祖国”二字在他们看来就只不过是徒具虚名和可笑的词儿。切不可以为伤害或斩断一个人的胳臂而不使他的头脑感到疼痛；正如我们不相信一个神志清醒的人会用自己的手指挖自己的眼珠一样，我们也不相信公意会允许国家的一个成员（不论他是什么样的人）去伤害或消灭另一个成员。个人的安全与公众的联盟是如此紧密地联系在一起的，以致，不论人民是多么地处于弱势，但只要国家之中有一个本可救活的人死去，只要错把一个人投入监狱，只要有一件案子被明显地错判，则人民就有权宣告这个联盟已经瓦解，因为基本公约[①]一遭到违背，人们就不知道有什么权利，也不知道有什么好处，使人民继续处于社会联盟之中；除非用强力约束他们，否则是达不到目的的，然而强力是只能使社会状态趋于解体的。

应当像保护全体人民的安全那样，保护人民当中最卑微的人的安全，这难道不是国家应尽的职责吗？一个公民的安全难道就不像全国人民的安全那样值得大家共同关心吗？有人说，如果只牺牲一个人而大家得救，那么，这个人的牺牲是值得的。这个话，如果出自一个为了祖国的安全而自愿牺牲自己生命的英勇的爱国者之口，我是由衷地赞赏的，但是，如果人们认为这句话的意思是说政府为了多数人的安全而牺牲一个无辜的人，我认为，这个话就连暴君都是不敢这么胡说的，因为这个话是完全错误的，是最危险的，是直接违背社会的基本法的。不仅不能让任何一个人为了大家而牺牲，反而是大家都应当为了保护他们当中的每一个人而贡献自己的财产和生命，使弱者得到公众力量的保护，使每一个成员都得到国家的保护。假定把一个又一个的人从人民当中消除之后，请那些提出这一主张的人给我们解释一下他们所说的"国家"指的是什么？你将发现，他们心目中的国家指的不是人民，而是一小部分人，即人民的官员：他们认为，如果要他们发誓为人民的安全而牺牲的话，那么，人民也应当为官员们的安全而牺牲。

① 指"社会公约"。卢梭在《社会契约论》第3卷第10章中说："从政府篡夺了主权之时起，社会公约便被破坏了，全体普通公民便当然地又恢复了他们天然的自由。这时候，他们之所以还服从政府，是迫不得已。而不是因为有服从的义务。"（卢梭：《社会契约论》，李平沤译，商务印书馆2011年版，第98页）——译者

你想寻找国家保护其成员和尊重他们的人格的例子吗？那就只能在以英勇豪迈著称的国家中才能找到；只有自由的人民才知道一个人的价值有多么大。在斯巴达，当问题发展到要处死一个犯罪的公民的时候，整个共和国的人民都将感到十分震惊。在马其顿，一个人的生命是如此重大的一件事情，以致，在没有让犯罪的马其顿人在全体公民面前为自己辩护并由全体公民都认为该处死他以前，就连亚历山大那样伟大和有权威的君王也不敢轻易处死这个犯罪的马其顿人。在世界各国的人民中，罗马人在这方面的做法尤其突出：他们的政府对每一个人都十分敬重，非常细心地保护每一个成员的不可侵犯的权利。再也没有什么事物是像普通公民的生命那么神圣的了；不经过全体人民的裁决，就不能判处任何一个人死刑，就连位高权重的元老院的元老或执政府的执政官都无此权力。在世界上这个最强大的民族中，任何一个公民的罪行和受到的惩罚，都是全体人民最关切的事情。他们认为，不论因何罪行而处死一个人都是如此的令人感到痛心，以致，对于那些虽然失去了亲爱的祖国的眷顾但也愿活在人间的人，都一律根据鲍尔西安法将他们的死刑改为流刑。在罗马城中和罗马的军队中，到处都洋溢着这种公民们之间的相互爱护之情。对“罗马”二字的尊重，培养了他们的英勇精神和道德情操。谁拥有“罗马人”这个名称，谁就会爱惜这个振奋勇武和豪迈之气的称号。一个解除了奴隶身份的公民所戴的大礼帽，一个因救了他人性命的人所获得的公民冠，是人们最盼望得到的两样东西。值得一提的是，他们对在战争中有卓越战功的人奖赏的冠饰是用树枝和草编制的，而对其他有突出表现的人奖给的冠饰则是用黄金制作的。罗马之所以能雄霸天下，其道理就在于此。英明的领袖们啊！牧羊人虽能统领他的狗和羊群，但他只不过是一个最普通的人；只有那些能指挥服从我们并给我们带来荣誉的人，才是最值得称道的。因此，要尊重你们的同胞，并使你们自己也值得受人尊重；尊重人们的自由，你们的权威必将与日俱增；你们行事不超越你们的权利，你们的权利反而能无限扩大。

愿我们的祖国成为全体公民共同的母亲；愿公民们在祖国享受的好处使他们对祖国感到十分亲切；愿政府让公民们充分参与公共事务的处理，使他们感到在当家做主人，使法律在公民们看来是大家的自由的保证。这些如此美好的权利是属于大家的，然而心怀叵测的首领们虽然不分开侵犯它们，但不久就会玩弄诡计使它们实际上变得如同虚无。遭到破坏的法律既成了强者向弱者进攻的武器，同时又是他们对抗弱者的盾牌；强者往往以公众的幸福为借口，使人民遭到最大的灾祸。政府最需要做到的事情，或许也是最难做到的事情，是对所有的人都要一秉大公，尤其要保护穷人不受富人的欺凌。[①] 只要出现了需要保护的穷人和需要抑制的富

① 可以想象得到，卢梭在写这段话的时候，心情是十分沉痛的，对社会不公平的现象是深有感触的。他认为，财富或金钱已经成了富人统治和奴役穷人的工具，他说："由于富人和穷人的处境不同，从此便开始了统治和奴役、暴力和掠夺。富人一开始尝到统治他人的甜头，就不去采用其他的致富之道了：他利用他旧有的奴隶去压制新的奴隶，想方设法要把他的邻人置于奴隶的境地：这种情形，同饿狼一样，只要吃过一次人肉，它就不愿意吃其他动物的肉，而专吃人肉了。"（卢梭：《论人与人之间不平等的起因和基础》，李平沤译，商务印书馆2007年版，第98页）后来在《爱弥儿》中，他对这里表述的意思又做了进一步阐述，他说："在人类社会中存在的权利平等是虚假的，因为用来保持这种平等的手段，其本身就是在摧毁这种平等。……多数人总是为少数人做牺牲，公众的利益总是为个人的利益做牺牲，正义和从属关系这些好听的（接下页注文）

人，则巨大的隐患便已经形成，这时候，法律的力量便只对中间阶层的人起作用了，而对富人的财富和穷人的疾苦都是无能为力的。前者可想方设法规避法律，后者可想方设法逃避法律；前者将撕破法律的网络，而后者则从撕破的网络中逃出去。

因此，如何防止财富极端不平等的现象的出现，是政府最重要的职责之一。防止的方法，不是剥夺富人手中的财产，而是用各种方法防止他们聚集财产；不是修建收容穷人的济贫院，而是保证公民不致沦为穷人。人们须知：人口分布的不均匀，在某些地方非常密集，而在其他地方又人口稀少；供富人享乐的艺术和技术得到提倡，而对人民生活有用的技艺遭到忽视；为了发展商业而牺牲农业；由于国家财政管理不善而让包税人层层加收捐税；以金钱开路的风气竟发展到如此程度，以致一个人是否受到尊重，全看他手中有多少金币，甚至道德也可以为了金钱而出卖：所有这些，就是某些人之所以成为巨富而另一些人沦为赤贫的最主要的原因；个人利益之所以能压倒公众利益，公民们之所以互相仇恨，人们对公共事务之所以漠不关心，人们之所以日趋堕落，政府各部门的政纪政风之所以愈来愈败坏，也是由于前面所说的那些原因造成的。这样糟糕的局面一出现，就难以从根本上纠正了，因此，如何通过良好的施政，以良风美俗来促进人们对法律的尊重和对祖国的爱并

(续上页注文)字眼，往往成了实施暴力的工具和从事不法行为的武器。由此可见，口口声声说是服务他人的上层阶级，实际上是在损他人而利自己。”他还着重指出法律的无能为力与不公平，他说：“所有一切国家的法律的普遍精神，都是袒护强者欺凌弱者，袒护富人欺凌穷人。这个缺点是不可避免的，而且是没有例外的。”(这两段话，见卢梭：《爱弥儿》，李平沤译，商务印书馆 2007 年版，上卷，第 328 页)——译者

保持公意永远占据上风，是目前的当务之急。

然而，如果不及早地做大量深入细致的工作，单单靠这些措施，那是不够的。公共经济学的这一部分我写到这里就结束了（事实上我是本应该从这一部分开始写的）。祖国没有自由，祖国就不能继续存在；有自由而无道德，自由就不能继续保持；有道德而无公民，道德就将荡然无存。因此，如果你把人们全都培养成公民，那你就一切全都有了。不这样做，你就只能有一大群恶人；从国家的首领起，就是一群恶人。然而，要把人民全都培养成公民，那不是一朝一夕就能成功的事情；要把他们培养成人，就必须从他们孩提时候开始对他们进行教育。有些人认为：谁想统治人，谁就不应当在人们的天性之外去追求他们根本做不到的完美，就不应当摧毁他们的感情；这样一个计划的执行，不仅是不可能的，甚至是不可想象的。我完全同意人们的这个说法：一个没有任何感情的人，当然是一个很坏的公民，不过，人们须知，虽说不能把人教得什么都不爱，但教他们爱这一个东西而不爱那一个东西，爱真正的美而不爱奇形怪状的美，就不是不可能的了。例如及早训练他们从他们与国家的关系来看待他们个人，把他们本身的存在看作是国家的存在的一个组成部分，[①]他们就能在某种程度上把自己与国家

① 卢梭在《社会契约论》中有这样一段话："敢为一国人民立法的人，可以说他是自信有能力改变人的天性的。他能把每一个本身是完整的和孤立的个人转变为一个更大的整体中的一部分，使他按一定的方式从这个更大的整体中获得他的生命和存在，并改变和增强其素质，以作为整体的一部分的有道德的存在去取代我们得自自然的个人身体的独立的存在。"（卢梭：《社会契约论》，李平沤译，商务印书馆 2011 年版，第 45 页）——译者

视为一体，感到自己是祖国的一个成员，[①]用这种深厚的感情爱祖国（孤立的个人是只对他自己有这种感情的），永远向往伟大的目标，并把那种产生我们种种罪恶之源的有害的倾向变成高尚的美德。不仅哲学著作中揭示了向这一新的方向迈进的可能性，而且史书上也有千百个这种光辉的事例。这种事例在我们今天之所以是很少见到的原因，是由于如今谁也不关心人是否能成为公民，更谈不上及早对他们进行培养了。我们的这些自然倾向一发展，再加上习惯和自私心作祟，要想改变它们就为时已晚了；只要隐藏在我们心中的这个“我”一发生这种可鄙的作用，就会败坏我们的道德，使我们成为心胸狭隘的人，这时候，要想摆脱这个“我”，就为时已晚了。在那么多窒息爱国心的欲念中，怎么能产生对祖国的爱呢？一个公民如果被追逐财色和虚荣的欲念搅得心绪不宁，他哪有心思去关心他的同胞呢？

从呱呱坠地的第一时刻起，我们就应当学习如何生活；由于我们一生下地就享受了公民的权利，因此，从我们诞生的那一瞬间，就应当开始培养我们如何尽我们的义务。既然对成年人制定了法律，那么，对儿童也应当制定规矩，教育他们服从他人。[②] 正如我

① 关于人的教育问题，卢梭后来在《论波兰的治国之道》中有更详细的阐述；另外，在《爱弥儿》中有这样一段话：“自然人完全是为他自己生活的；他是数的单位，是绝对的统一体，只同他自己和他的同胞才有关系。公民只不过是一个分数的单位，是依赖于分母的，它的价值在于他同总体，即同社会的关系。好的社会制度是这样的制度：它知道如何才能够最好地使人改变他的天性，如何才能够剥夺他的绝对的存在，而给他以相对的存在，并且把‘我’转移到共同体中去，以便使各个人不再把自己看作一个独立的人，而只看作共同体的一部分。”（卢梭：《爱弥儿》，李平沤译，商务印书馆 2007 年版，上册，第 9—10 页）——译者

② 后来在《爱弥儿》中，卢梭的论述与这里发表的意见有所不同，他（接下页注文）

们不能让每个人的理智他的天职的唯一无二的仲裁者一样，我们也不能让孩子的教育受他父亲的偏见的影响。孩子们的教育，其关系之重大，对国家比对其父亲更有过之，因为，按照自然的进程，父亲一死去，他就看不到这一教育的后果如何了，而国家却或迟或早将感受到这一教育的后果的影响，因为国家是永远长存的，而家庭终归是要解体的。政府既然代替父亲担负了这一重要的工作，则它在尽此责任的同时，便取得了父亲的权利；在这一点上，当父亲的是没有什么可抱怨的，因为他们只不过是改变了身份，以公民的身份与政府共同对他们的孩子享有以父亲的身份享有的权利，孩子们照样服从他们，既在法律上服从他们，也在家庭关系上服从他们。按照政府制定的规章，并在主权者委派的官员指导下，公共教育便成了人民的或合法的政府的基本任务。孩子们在平等的氛围中受到培养，受到国家的法律和人民的公意的熏陶，尊重法律和公意，举目所见，周围都是向他们展示亲爱的母亲对他们的养育和爱的事例以及母亲对他们的恩情是多么的无法估量和他们应当如何报答母亲的模范行为。我们毫不怀疑，在这样的教育方法培养下，孩子们必定能学会像弟兄那样互相爱护，做社会需要他们做的

(续上页注文)说："孩子做任何事情，都不应该是为了服从你，而只能够是因为他确有必要，这样一来，'服从'和'命令'这两个词就将在他的词典中被取消，而'责任'和'义务'这两个词也不能够存在，但是，'力量'、'需要'、'能力不足'和'遏制'这几个词则将在他的词典中占很重要的地位。在达到懂事的年龄以前，他对精神的存在和社会的关系是没有任何概念的，因此，应当尽量避免使用表示这些东西的词，以免孩子给这些词加上一些谁也不懂或从此就不能改正的错误的意思。在他头脑中产生的第一个不正确的观念，将成为使他身上滋生错误和恶习的病源：我们应当注意的，正是这头一步路。"(卢梭：《爱弥儿》，李平沤译，商务印书馆2007年版，第89页)——译者

事情，像成人和公民那样行事，而不像诡辩学家那样成天卖弄口舌，徒托空言。这样，他们就终有一天会成为他们在青年时期曾长期受其哺育的祖国的保卫者和建设者。

教育是国家最重要的一件大事；主管这一工作的官员应如何完成这一任务，是用不着我来讲的。因为，大家都知道，如果把公众寄予厚望的这一工作轻率地交给一些不能胜任的人去做，如果不把这一光荣的任务作为一种奖赏交给那些曾经非常出色地完成其他工作而如今因年老而光荣退休的人去承担，那么，这一事业就不会取得成功，就达不到教育的目的。哪里的教育工作没有权威部门的支持，没有担负这一工作的人的以身作则，哪里的教育工作便会毫无成效，从那些从来不力行美德的人口中说出来的嘉言隽语就没有人听。让那些战功卓著的军人教导我们如何发扬勇敢豪迈的精神，让那些在政法界工作多年的白发苍苍的正直廉明的官员教导我们如何为人正直，就必定能培养出众多道德高尚的后继人，把领袖们的经验和才能以及公民们的道德情操与竞相为祖国而生为祖国而死的精神一代一代地传给后人。

就我所知，实施公共教育的民族只有这么三个，即：克里特岛人、拉西第蒙人[①]和古波斯人。这三个民族实行的教育都很成功，而且在拉西第蒙人和波斯人中还培养出了好些大天才。自从世界分成许多过于庞大的国家，以致难于很好地治理以后，这种教育就

① 即斯巴达人。拉西第蒙的首府叫斯巴达，故拉西第蒙人亦称为斯巴达人。"在东海岸伯罗奔尼撒南部有一块狭窄的地区，从前叫做勒勒吉，后来改称拉科尼亚，最后称为拉西第蒙。境内有河名叫欧罗塔。这个地区的首府叫做斯巴达。"（《卢梭散文选·拉西第蒙人的故事》，李平沤译，百花文艺出版社 1995 年版，第 273 页）——译者

无法实施了。此外,还有读者易于发现的其他理由使现今各国的人民不愿意做此尝试。值得注意的是,罗马人是不需要实施公共教育的;不过,历时五百年的罗马是世界上不可再次出现的奇迹,罗马人对暴政和暴政产生的罪恶是深恶而痛绝之的,而且对祖国有一种天生的爱,他们的这一美德使每个家庭都变成了培养公民的学校,父亲对子女的无限权威在家中是如此的严厉,以致使孩子们怕父亲更甚于怕官员;在家庭的治理中,父亲成了家风的整饬者和法律的执行者。

一个关心人民并处处为人民着想的政府就是这样时刻不停地维护和唤起人民心中对祖国和良风美俗的爱的,就是这样及早防止由于公民对共和国的命运的漠不关心而或迟或早必将产生的灾祸,就是这样及早把使个人与国家分离的个人利益限制在狭小的范围,以免因个人利益的扩大而使国家陷于衰弱的境地,以致不能指望个人给国家带来任何好处。哪个国家的人民爱国家,尊重法律,生活简朴,哪个国家的政府便无须做多少事情也能使人民生活得很幸福。在这样的政府治理下,财富在个人的命运中所起的作用就不大了,只要为人贤明,便如此地接近于生活幸福,以致这两者可以说是合而为一了。

(三)单有公民和保护公民,这还不够,还需要关心他们的生活;满足公众的生活需要,是公意最关心的一件事情,是政府的第三个主要职责。不过,人们须知,这个职责不是去把每个人的粮仓装得满满的,更不是让他们悠悠闲闲不劳动干活儿,而是使国家如此的富足,使人人都可受其惠;每个人只要劳动干活儿,就可得到他生活必需的东西，他的劳动就不会没有收获。[①] 这个职责还包括对财政和政府的种种开支的管理。所以，在从人的治理方面谈论了公共经济学之后，我们就该从财富的管理方面来研究公共经济学了。

这一部分需要解决的困难和消除的矛盾，也不比前一部分少。的确，财产权是公民所有的权利中的最神圣的权利，在某些方面甚至比自由更为重要，因为，这一则是由于它与个人生活的维持最密切有关，再则是由于它最容易被他人掠夺，比人身更难于保护，所以对最容易遭人抢劫的东西更应当重视，三则是由于财产是政治社会的真正基础，是公民所做的一切承诺的真正保证，如果人们对其财产都不重视的话，那他就会对他承担的义务一推了之，把法律更不看在眼里。另一方面，国家与政府的工作的进行也需要一定的经费的支持；谁想达到一定的目的，就不能没有一定的手段，因此，社会的成员应当把他们的财产用来维持社会的存在。不过，为了保证个人的财产而又不侵犯另一个人的财产，那是很难的；所有一切与财产继承的顺序、遗嘱的执行和契约的履行有关的规定，在某些方面对公民在其财产的处理上是不可能不带来一些麻烦的，因此也将使他们的财产权受到一些影响。

① 爱劳动是卢梭《爱弥儿》中的一个重要的教育思想；他说："一个人在那里坐吃不是他本人挣来的东西，就等于是在盗窃。……处在社会之外与世隔离的人，对任何人都没有负担债务，所以他爱怎样生活就可以怎样生活；但在社会之中，他必然要借他人之力而生活，他应该用劳动来向他们偿付他生活的费用，这是任何人都不能例外的。所以，劳动是社会的人不可或免的责任。"（卢梭：《爱弥儿》，李平沤译，商务印书馆2007年版，第262页）——译者

除了我在前面所讲的法律的权威与公民的自由应相互协调以外，在财产的处理方面还有一句可以消除许多困难的重要的话要说。正如普芬道夫所指出的，由于财产权的性质决定了这个权利不能延伸到财产主人的身后：一个人一死，财产就不属于他了，因此，对他在什么情况下可以处理其财产做出规定，这在表面上好像是对他的权利有所损害，但实际上是在使之延伸。

一般地说，尽管只有主权者有权对个人在处理其财产方面的权利制定法律，但政府在执行时应当遵循的法律精神是父传子和近亲传近亲，使家庭的财产尽可能不散失。之所以这样做，是有一个使孩子们无须拥有产权也可享有财产的理由的，即使父亲没有给他们留下任何有关产权的遗言，但他们在父亲的财产的积累方面是通过他们的劳动做出了贡献的，因此与他们的父亲一起是家中财产的共同的主人。另外还有一个虽然是不甚充分但也十分重要的理由是：再也没有什么事情是比公民之间的财产状况的频频改变对社会风尚和国家更有害的了。身份和财产权的改变是千百种坏事产生的根源和明证，它将使一切都陷于混乱。那些因财产权的变更而地位上升的人，必将面临另外一种环境，[①]然而，无论

① 后来在《爱弥儿》中，卢梭对这里发表的意见又做了进一步发挥，他说："应该使一个人的教育适应他这个人，而不要去适应他本身以外的东西。由于你培养他唯一无二地只能适应一种社会地位，所以就使得他对其余的一切地位无法适应了，如果命运同你开玩笑，则你除了使他变成一个很可怜的人以外，是得不到其他结果的，这一点，你难道还不明白？……你想依赖现时的社会秩序，而不知道这个秩序是不可避免地要遭到革命的，而且，你也没有什么办法可以预料或防止那将要影响你的孩子的革命。大人物要变成小人物，富人要变成穷人，贵族要变成平民，你以为你能避免命运的打击吗？危机和革命的时代已经来临。"（卢梭：《爱弥儿》，李平沤译，商务印书馆2007年版，第260页）——译者

是地位上升的人还是地位下降的人都很难按照他们新的地位要求的行事准则行事,更不会履行他们应尽的义务了。现在,让我将话题转移到谈论公共的财政问题。

如果人民是自己管理自己,在国家的行政部门和公民之间没有中间机构,他们就只偶尔根据公家需要的数目和个人能力的大小交一点钱。由于每一个人都时时注意政府为什么要征收他们的钱以及他们的每一个铜板是怎么花的,所以在税款的征收方面就不会出现营私舞弊和偷税漏税的情形,国家也将永远不举债,人民也将没有沉重的税款负担;只要一分一厘都用得很恰当,就可使他们感到即使税额重一点,也没多大关系。然而实际情况却往往并非如此。一个国家不论是多么小,它的人口总是众多的,是很难由它的全体成员一起来治理的。因此,公款的收支需要经过首领们之手,而首领们除了国家的利益之外,还有他们每个人都要优先考虑的个人的利益,而人民只要一发现首领们都很贪婪,往往超出正当的需要乱花公款,就会发出怨言,抱怨他们把本该用来满足人民生活需要的钱都浪费了。这种怨气一发展到一定程度,即使是最廉明的政府也无法挽回人民对它的信任。这时候,人民就不会自愿纳税,如果强迫他们交纳,那是不合法的,于是,一个公正贤明的政府将面临这样一个艰难的二者取一的决策:要么让国家毁灭,否则就只好侵犯国家赖以存在的公民神圣的财产权。

在制定法律之后,共和国的缔造者[①]的第一件事情是筹措足够供养官员和办事人员与支付政府一切开销的经费。这笔经费,

① 指立法者,请参见《社会契约论》第 2 卷第 7 章《论立法者》。——译者

如果是现金，就叫做国库或库银；如果是土地，就叫做国有地产。显而易见，后者比前者更为可取，凡是充分思考过这个问题的人无不赞同博丹的意见；博丹认为，在所有一切供给国家需要的办法中，国有地产是最诚实可靠的。需要指出的是，罗慕洛斯在土地的分配上，把三分之一的土地专门用来作此用途。我承认，管理不善的土地很可能颗粒无收，但管理不善不是土地本身的错误。

在动用这笔经费之前，应当由人民大会即国家的各阶层人士加以验收，并由他们决定如何使用。经过这一使这项经费不可另作他用的庄严程序之后，可以说这项经费就变了性质，它的收入和支出就变得如此神圣，以致，只要稍许把其中的一点点款子用于有背其指定用途的事项，就不仅构成盗窃罪中最可耻的盗窃罪，而且还成为一项十恶不赦的滔天大罪。如果财务官加图[①]的廉洁遭到人们的质疑，如果一个皇帝把几个铜板赏给一个唱歌的人之后还需要说明这点儿钱是从他家里拿出来的，而不是从国库中支取的，这对罗马来说，简直是奇耻大辱。不过，如今连加尔巴[②]都很少见，又到哪里去找加图呢？只要人们不以罪恶为耻，即使是相当谨慎的首领又怎能管得住他的手不私用由他掌握的公款呢？他们怎么能不把他们的挥霍浪费说成是为国家扩大国威呢？他们怎么能不把扩充他们的权力与扩大国家的实力混为一谈呢？在政府最细致的这一部分工作中，只有靠道德才能有效地防止这些丑行，只有

① 加图：指以严厉整饬风纪和反对奢侈著称的古罗马监察官老加图（公元前234—前149）。——译者

② 加尔巴（公元前5—公元69）：古罗马皇帝，公元69年继位仅7个月便遭人暗杀。——译者

靠官员的廉洁来约束贪婪的心。审计官的检查报告在揭露官员们贪赃枉法方面所起的作用不仅甚微,反倒是替他们遮掩了许多恶行。新的防范措施刚一出炉,贪官们就有了新的对策,因此,别相信官员们的账本和财务报告,把国家的财政交给那些忠诚的人的手里,这才是唯一能使它得到严格管理的办法。

国库一建立,国家的首领就自然成了国库的管理者;这是政府工作的一个组成部分,虽然不总是与其他工作同等重要,但始终是主要的部分,其影响力将因其他部门的影响力的减弱而愈益增加。我们可以说,如果一个政府没有其他的力量而全靠金钱来维持的话,这个政府就已经腐败到了极点。由于政府的工作总是不断地趋向于松弛,所以,单单这个理由就足以表明为什么不继续不停地增加税收,就没有任何一个政府能继续存在的原因,就在于此。

第一个使人感到需要增加国家税收的迹象,也是国家内部混乱的第一个表征。贤明的政府在想办法筹措款项来应付眼前需要的同时,也一定会思考何以会有此需要的远因:这同一个船长看见他的船进了水,就会在开动抽水泵的同时派人去寻找并堵塞漏洞,是一样的。

从这条法则可以推导出财政管理中的最重要的法则;那就是:应当在防止需要的增加方面比在增加税收方面多花心思。不论你是多么的精明,在弊病发生之后才迟迟采取的补救办法,总是让国家受弊病之害的;何况正当人们准备采取纠正弊端的办法时,另一个弊端就已经开始露出苗头,甚至纠正弊端的办法本身也将产生新的弊病,以致最后导致国家债台高筑,人民深受苛捐杂税压榨之苦,政府失去其活力,花了许多钱,也没有办好几件事。我认为,古代的政府之所以有那么多良好的政绩，就是因为它们遵循了这个百无一失的法则而取得的。它们处处精打细算，节省开支，只花少量的钱办的事情比我们的政府花光国库的钱办的事情还多。也许“经济”这个词的通俗的意思就是由此而来的，所以，与其想方设法去弄你难以弄到的钱，不如量入为出使用你手中的钱，才是上策。

且不说国库的力量（它能给国家带来多少益处，完全取决于掌管它的人是否廉洁），单就政府的行政力量来说，只要人们深入观察，尤其观察政府在严格按照合法的方式行使其权力的时候，人们将吃惊地发现，首领们用不着触动公民们的个人财产，也是有许多办法满足政府的各项需要的。由于首领们是国家一切商贸活动的主管者，所以再也没有什么是比用一种照顾到各方面利益的方法来引导商贸活动更容易的了，而且在引导的时候，还往往在表面上看起来他们并未介入其事似的。根据不同的时间和地区调配粮食、金钱和商品，是掌管财政和增加财源的秘诀；只要掌管财政的人把眼光放远一点儿，在必要的时候放弃一些眼前的表面利益，就能在将来取得更大的利益。凡事都要亲眼看见，才能信以为真；如今就有这么一个政府在粮食丰收之年为了出口小麦，或者在粮食歉收之年为了进口粮食，不仅不征税，反而由政府给予补贴，此景此情好像是小说里描写的故事，好像是发生在古代。为了防止荒年粮食短缺而提议建立公仓，不知道有多少国家将把如此有用的设施的建造作为一种征收新税的借口啊?！可是在日内瓦，由贤明的政府建立的这种粮仓，在收成不好的年份也保证了国家每年的财政的主要收入。“丰衣足食，财源茂盛”，在行政厅大门的门额上镌刻的就是这两句表述此事的铭文。为了赞扬一个好政府的经济制度，我在这里重温了这个共和国[①]的经济措施；我很高兴地在我的祖国终于找到了贤明和幸福的范例，我愿世界各国都仿效它。

如果你研究一下一个国家的需要为什么会一天天增加，你将发现，其中的原因同个人的需要为什么会一天天增加差不多是一样的：由于非有不可的需要而增加者少，由于虚妄的欲望的日益产生而增加者多，而且往往是以开支的增加作为增加税收的借口，以致使国家有时候好像是由于税收的增加而富了，但对国家来说这种表面上的富有实际上比贫穷更糟糕。有些人以为用这只手把另一只手取自人民的东西给予人民，就可以使人民处于更加依附的地位；约瑟夫对埃及人采取的就是这个政策。这种诡辩式的说法对国家是很不利的，因为，金钱一离开这只手就不会再回到原来这只手了，如果按照这个诡辩行事，其结果必然是：好人手中的钱被掠夺去塞满坏人的腰包。

穷兵黩武的好战思想，是需要增加税收的最明显的和最危险的原因之一。往往是由另外一种图谋而不是由表面上所说的那些冠冕堂皇的话产生的这一喜好，其真正的动机不是像人们所宣称的为了扩大国家的版图，而是为了实现首领们暗藏在心中的在国内加强其统治的阴谋，以便借此机会扩充军队，并利用战争的目的在公民们的头脑中煽起的狂热来达到首领们想达到的目的。

---

① 指日内瓦共和国；关于对这个共和国的赞扬，请参见《论人与人之间不平等的起因和基础》中的献给日内瓦共和国的献词。（卢梭：《论人与人之间不平等的起因和基础》，李平沤译，商务印书馆 2007 年版，第 19—31 页）——译者

可以断定的是，再也没有什么人是比战胜国的人民更受苛捐杂税和生活水平下降之苦了。他们的胜利，其本身就将给他们带来更多的苦难；虽说史书上没有给我们留下多少这方面的记载，但单凭理智就足以使我们发现：一个国家愈大，它的支出也将随着国土的增大而增多；每一个省都要向中央政府交纳它承担的财政份额，再加上每一个省还有它自己的开销，这样一来，一个地方创造的财富就将在另一个地方被消耗掉，其结果不久就会打破生产与消费之间的平衡，单单为了使一个城市富足，就会使国家陷于贫穷。

国家的支出之所以增加，还有另外一个与前一个原因密切有关的原因。如果官员们喜欢指挥雇佣军而不喜欢指挥自由的人民，甚至在某些时候和某个地方用前者去镇压后者，那么，总有一天公民们将认为自己与共同的事业无关，不愿再当国家的保卫者了。在共和国后期的罗马与在皇帝统治下的罗马，就出现了这种情形。早期的罗马人的历次胜利，同亚历山大的胜利一样，是由勇敢的公民们取得的；他们在必要的时候愿为国家流血牺牲，但他们绝不为金钱而卖身。玛里乌斯是第一个败坏罗马军团兵源结构的罗马将军；在与朱伽尔塔国王作战时，他把被释放的奴隶、流浪汉与其他雇佣军都招募进罗马军团。这些本该为人民造福的人，竟变成了与人民为敌的暴君。他们扩编军队，表面上是为了控制外国人，但实际上是为了镇压本国人民。为了增编部队，他们就要征召种地的农民去当兵；缺少农民种地，粮食就会减产；而为了供养当兵的农民，就需要增加税收，从而使粮价随之上涨。这一连串坏事必将遭到人民的不满，而为了镇压人民，就需要增加军队；军队愈多，人民的苦难也愈多，人民不满的情绪也愈高涨；为了防止不满情绪产生的后果，暴君们的防范措施也将随之加强。另一方面，那些为金钱而卖身的雇佣军，不但不以他们的卑鄙为耻，反以为荣；他们藐视法律（他们是受到法律保护的），看不起人民（他们吃的是人民提供的粮食），认为自己当暴君的仆从比当罗马的保卫者更光荣。他们盲目服从，把刀枪指向他们的同胞；长官一下命令，他们就乱杀无辜。不难看出，以上这些情况是罗马帝国崩溃的主要原因之一。

大炮和堡垒的发明，使当今欧洲各国的君主以更合法的理由建立了守卫要塞的常备军；但值得注意的是，其后果是很严重的。为了组建军队和驻防部队，就不能不从乡村征召人员，为了供养这些人，就不能不向人民多征税。这种危害极大的事情近年来在世界各国蔓延的速度是如此之快，以致使人们可以预料得到：欧洲的人口必将日益减少，或迟或早必将给欧洲各国的人民带来大灾难。

不管怎么说，这样下去，必然会破坏以国有土地为国家的主要收入的经济体系，使国家那一点点儿收入只能靠捐献和增加税收来弥补。以下就让我来谈论这个问题。

现在让我再次指出：社会公约的基础是财产；它的第一个条件是每个人都应当安然享受属于他的东西。是的，由于这个公约，每个人都必须从他的财产中拿出一部分钱来供应国家的支出，但是，这个义务不能违背基本法的规定；即使国家需要的支出得到了纳税人的认可，认为确有必要，纳税人交纳的钱也应当是自愿的，才是合法的；不过，不是出自个别意志表示的自愿，不是每个公民愿交多少才交多少（这样做，是直接违背联合的精神的）而是出自公意表示的自愿，由多数票决定，[①]并采取比例税的办法，而不能强行摊派。

捐税的征收，只有得到人民或其代表的同意，才是合法的。这一点，已经得到了所有的哲学家和在法学界颇负盛名的法学家的普遍认同，就连博丹也不例外，他也是这么认为的。虽说某几个法学家发表了一些在表面上看来是相反的意见，但显而易见的是，促使他们这样做，是由于另外的特殊原因，何况在他们发表的意见中还提出了许多条件和限制，因此双方的意见最终是完全一样的，因为，无论是说人民可以拒绝交纳，还是说主权者无权强迫交纳，这两种说法的意思是没多大差别的。如果事情可以完全由强迫的办法来解决的话，我们就用不着在这里探讨合法或不合法的问题了。

向人民征收的税有两种，一种是以财产为对象的即按物品征收的，另一种是以人为对象的即按人头征收的；这两种税都称为"税"或"捐税"。当人民确定了交纳的数目时，这个数目就称为"税额"；分文不少地交纳的数目称为"税金"。在《论法的精神》中有这样两句话：按人头收税，更适合于奴役；按实物收税，更适合于自由。[②] 无可争辩的事实是：虽说按人头交纳的数目是一律平等的，但再也没有其他的税种是比这种税更不成比例的了，尤其是以严

① 请参见《社会契约论》第4卷第2章《论投票》："当有人在人民的集会上提议一项法律时，他不问在场的人是同意还是否定这项法律，而是问这项法律是否符合公意，于是大家用投票的方法来表达他们对这项法律的意见，最后以票数计算的结果宣告公意。"（卢梭：《社会契约论》，李平沤译，商务印书馆2011年版，第120页）——译者

② 卢梭所引的这两句话，见孟德斯鸠：《论法的精神》，卷2，第13章，第14节。——译者

格按照自由的精神确定的比例来衡量，就更不成比例了。不过，如果人头税是严格按照个人的力量的比例交纳，例如法国的人丁税[①]，既以财产为对象，又以人为对象，那就是最公平的了，因此是最适合于自由的人的。这些比例是很容易确定的，因为是按每个人在社会中所处的地位推算出来的，而每个人在社会中所处的地位是尽人皆知的；不过，除了个人的贪心、权势和弄虚作假的行为能被有些人想办法使之逃过人们的推算以外，人们在这些比例的推算中还未把有些该考虑的因素全都考虑在内。首先应当考虑的是数量的比例；按照这个比例，在其他条件都相等的情况下，一个其财产十倍于另一个的人，就应当比后者多交十倍的税。其次还应当考虑财产的用途的对比，也就是说应当区别需用的与多余的。只有简单的生活必需品的人，就什么税也可以不交；而拥有多余的物品的人，则对其一切超过生活必需的物品都应当交税。对于这一点，有人不甚赞同，认为对一个社会地位低的人来说是多余的，但对社会地位比他高的人就是必需的。这种论调是没有根据的，因为，同牧牛人一样，大人物也只有两条腿和一个肚子，何况这种所谓的“必需的”是如此之不需要，如果他为了一个崇高的目的而放弃的话，他将反而会因此更加受到人们的尊敬。人民对一位为了国家的急需便卖掉他的四轮豪华马车而步行到政府机关办公的大臣是打心眼儿里佩服的。法律从来没有对任何人规定外出必须讲究排场；注意礼仪与行使权利从来不矛盾。

第三个差别（这个差别从来没有人考虑过，但实际上应当首先

① 人丁税：又称人口税，1789 年法国大革命以后被废除。——译者

考虑)是每个人从社会联合中得到的好处:当今的社会大力保护富人的宽敞豪宅,而让穷人住他们自己盖造的小茅屋。社会的种种好处不是全都被强者和富人享受了吗?高薪厚禄的职位不是全都被他们占有了吗?所有一切赋税减免的规定不是全都是为他们而订的吗?政府权力的行使不是偏向于他们的利益吗?高层人士抵赖债款或者干其他的欺诈行为,不是准保没事,不受惩罚吗?他们用鞭子随便抽打人,对人滥施暴行,甚至派凶手去暗杀他人;所有这些恶行,不是大事化小,小事化了,过了几个月之后,就不了了之,连提都没有人提吗?然而,如果他们的财物被偷盗,全城的警察就会全都行动起来,受怀疑的无辜的人不就会遭殃吗?当他们经过一个危险的地方时,不是有一大帮人前呼后拥地保护他们吗?如果他们的马车的车轴断了,不是有许多人争先恐后地去帮忙吗?如果有人在他们的门口吵吵闹闹,只要他一发话,不就会都鸦雀无声了吗?如果有人挡着他们的路,只要他们一挥手,不是全都闪开,让他们过去吗?如果一个赶大车的车夫不让道,怎么办呢?他们的仆从马上就会去把那个车夫狠狠地揍一顿。在他们的车队中,宁可让五十个努力跟车的人累死,也不许可任何一个人脚步迟缓掉了队。所有这些好处,他们一分钱都不花;这是富人的权利,而不必用财富去换取的。穷人的景况何其不同啊!愈是应当对穷人进行人道主义关怀的时候,社会却愈是忽视他们,处处都对他们紧闭大门;即使他们有权利要求开门,人家也不开,将他们拒之门外。虽说他们有时候也得到公正对待,但他们花的力气比富人为得到优惠对待而花的力气还多。在派徭役和抽人去当兵的时候,人们首先想到的就是他们这些穷人;穷人除了他自己应交的税以外，还要负担那个比他富有而且有权免交税款的邻居的税。一个穷人稍稍出了一点儿事，每个人都远远地躲开他；如果他那辆破旧不堪的货车倾倒了，不仅没有人来帮助他，而且，我敢断言，只要他不被那个从他身边经过的小公爵的随从臭骂一顿，就算是万幸了。总而言之一句话，在他需要人帮助的时候，因为他没有钱给人家，大家都避而远之，不去帮助他。如果一个心地单纯的穷人家中有一个漂亮的女儿，却不幸与一个有权有势的人为邻的话，我敢断言，这个穷人早晚必定会被害得家破人亡的。

还须指出的是，穷人的损失是不像富人的损失那样容易弥补的，而且，得到补偿之难，往往是随需要的增加而增加的。无本就不能生利；世上的事情同物理学上的道理是一样的，钱是生长钱的种子，每一个铜板有时候比第二个百万银元还难挣。此外，穷人所付出的一切将永远失去，落入富人的手里。人民交的税，早晚会流入政府中的人或与政府接近的人的钱袋里。尽管他们也交他们的那一份税，但他们仍然希望增加税率，税款愈增加，他们可捞的油水便愈大。

现在让我们用简单几句话把这两种社会地位的人的社会公约归纳如次：**你需要我，因为我富而你穷。现在，让我们订这样一个协议：我允许你有为我干活的荣幸，条件是你把你手中仅剩下的那一点儿东西也给我，以酬谢我为了役使你而付出的辛劳。**①

① 着重号是原有的。这段话，在马克思的《资本论》第 7 篇第 24 章《所谓原始积累》第 232 脚注曾引录如次："资本家说：'如果你们把你们仅有的一点东西交给我，作为我辛苦指挥你们的报酬，我就让你们得到为我服务的荣幸。'（让－雅克·卢梭：《论政治经济学》〔1760 年日内瓦版第 70 页〕）"（马克思：《资本论》，第一卷，人民出版社 2004 年版，第 856 页）——译者

如果我们仔细把这些情况综合起来观察，我们就会发现：要想真正公平地按比例征税，则税额的厘定就不应当只按纳税人的财产来定，而应当连带按他们的社会地位和超出必需用度之外的多余数量的差别征收。每天都有许许多多品行端正而且精通算术的税务员所做的这项工作，是既非常重要而又十分艰巨的，就连柏拉图和孟德斯鸠这样的人做起来也战战兢兢，如履薄冰，并祈求上天赐予他们智慧和公正廉明的心，他们才敢承担。

按人头征税的另一个不好之处是：这项税给人的感觉太强烈，太强迫了，因而难免不使人想方设法逃避；想办法使自己的名字不列入纳税人名册和不遭到追收税款，是比隐瞒财产容易得多的。

在其他各类税种中，按土地即按田产的大小征税，在那些对土地的产量和税款的保收无误方面比对人民的疾苦更重视的国家中，被认为是最好的。有些人甚至公然说：为了纠正农民的懒惰，就得向他们征税；如果他们什么税也不用交的话，他们就什么活儿也不干了。然而，从世界各国人民的经验看，这种可笑的说法是站不住脚的。在荷兰和英国，种地的农夫只交很少一点点儿税；尤其是在中国，农民是什么税也不交的，[①]而土地却得到了很好的耕耘。反之，哪里的农夫认为按他的土地的产量征他的税，他就宁可让他的土地荒废，或者只耕种其出产刚够他吃的那一点点土地，因为，在他看来，既然劳动的果实拿不到手，那就不劳动反而有利。有些人认为：对种地的人课以重税，就可改变他们懒惰的习性；这

① 卢梭在这里所说的中国农民，看来是佃农；佃农虽不直接向官府交税，但他们要向地主交租，由地主去完粮纳税。参见本书第15页译注①。——译者

种说法，真是一大怪论。

对土地或对小麦征税，尤其是过度征税，将产生两个如此可怕的后果，以致最终必将使实行这种税的国家人口减少，遭到毁灭。

第一个后果来自金钱的缺乏流通，因为商业和工业把农村的钱全都吸收到大城市，再加上捐税打破了农民的生活需要与他们的小麦价格之间的平衡，所以他们的金钱不断往外流，从来不返回农村，结果，城市愈富有，农村便愈贫穷，农民交的税全都从国王或税务官的手中流到工艺师和商人的钱袋里，而永远只能得到极小一点儿好处的农民必将由于同别人一样纳税而永远得不到同别人一样的好处最终落得山穷水尽陷于绝境。一个人如果只有静脉而无动脉，或者其动脉只能把血输送到离心脏两三个指头远的地方，他怎么能活下去呢？沙丹说，在波斯，国王对粮食征的税，农民就用粮食缴纳；据希罗多德[①]考证，在该国一直延续到大流士[②]的这种做法，可以防止我在前面所说的弊端。我认为：除非波斯国的财政大臣、税务总监、税务官与仓库主管官员是与其他国家不一样的人，否则，我很难相信农民交的粮食斤斤两两全都会交到国王的手里，很难相信仓库里的小麦不会被偷盗得一干二净，大部分粮仓不会被一把火烧得精光。

第二个后果来自一种表面上的利益；这种利益实际上反而会加重农民的负担，及至人们发现，要想纠正，已为时太晚了。小麦是这样一种食品：在生产小麦的国家，并不因为对它征了税，它的

① 希罗多德（公元前484—前420）：古希腊史学家。——译者

② 大流士：古波斯国王。——译者

价格便因之提高。对小麦的需要是绝对的,即使产量减少了,也不会因此便允许它涨价;一涨价,就会使许多人饿死,尽管小麦的售价依然很低,农民依然单独负担无法减免的税。人们务须注意:千万不可对土地也像对商品那样征税,因为商品可以提价,商人交的税比购买商品的人交的税少,何况这种税不论多么重,都是由自己的意愿决定交纳的:商人是按他的进货量的多少交税,他能销售多少货才进多少货,一切由他决定。而种地的人则不是这样,不论他是否将他的产品拿去销售,他都得按照他耕种的土地的数量交税,而且不能由他想对他的产品定什么价钱就定什么价钱;即使他把他的产品留作自用不出售,但他为了交税,也不得不出售他的产品,因此,粮食之所以有时候不得不贱价售卖,正是由于税额过重造成的。

还须指出的是,利市三倍的商业和工业不仅未因它们已拥有巨额的金钱而使农民的赋税减轻,反而使之变得更加沉重。在这里,我不打算详细阐述这样一个非常明显的事实,即:虽说一个国家的金钱多一点或少一点,可以对该国在国外的信用多提高一点或少提高一点,但它不能改变公民们的资财,也不能使他们的生活过得多舒服一点或少舒服一点。另外,我还要提出这样两个重要的看法:一个看法是,除非国家确有多余的粮食,而且它的巨额金钱来自向国外出口多余的粮食,否则,那就只有商业繁荣的城市享受到国家巨额金钱之益,而农民则反而会因之变得相对贫穷;另一个看法是:由于各种东西的价格将因金钱的增多而上涨,所以税额也将随之成比例地提高,最后,农民的负担也将愈来愈重,落得一贫如洗。

人们应当看到,按土地征税,实际上是按土地的产品征税。既然大家都认为再也没有什么是比按顾客购买小麦的价钱征税更危险的,人们怎么会没有见到当这种税是由种小麦的人缴纳的时候,其危害性更大一百倍呢?这岂不是在直接攻击国家的生命线,危及国家的命脉吗?这岂不是在加紧缩减农村的人口,最终使国家遭到毁灭吗?对一个国家来说,再也没有什么事情是比人口减少更令人担忧的了。

但愿真正的政治家在厘定税率时切莫两只眼睛只盯着财政的收入,而要把眼光放远一点,把税收变成一种良好的调节财富差距的方法,使人民意识到这样做,是为了国家的利益,而不是只顾税收的增加。

对居民需要而国家不需要的进口的外国商品征税,对国家并无多余而外国却急需的出口的农产品征税,对没有实际用处但有暴利可图的艺术品征税,对纯粹是为了供人消遣而运进城市的物品征税,对一切奢侈品征税,就可达到这双重目的,就可减轻穷人的负担而加重富人的负担,并防止财富不平等现象的不断扩大,防止富人奴役过多的工人和仆人,防止城里游手好闲的人的不断增加和农民的不断逃离农村。

必须注意的是,在一定的物品的价格与对该物品征收的税额之间应保持一个适当的比例,以免个人的贪欲发展到去追求暴利而偷税和漏税。此外,还须注意,不要只对不易隐瞒的货物征税而让易于隐瞒的货物乘机走私;最好是让使用应纳税的物品的人交税,而不由售卖这种货物的人交税,因为,售卖货物的人一发现税款过多,就会想方设法逃税。中国是世界上税额最重而税收办法最好的国家;[①]这个国家一直是这样做法的:商人不交税,税款由购买商品的人负担,这样做法,谁也没有怨言,也从来没有引起乱子,因为生活必需品,例如大米和小麦,是绝对免税的,人民无纳税之苦,纳税的担子全都落在有钱人的身上,而且,所有这些办法都不是为了防止走私才采取的,而是政府为了使人们不去贪图暴利,因为追求暴利的后果,不仅使人变成坏公民,而且还将使他们变成坏人。

应当对特制的仆从穿的镶边号衣、四轮大马车、玻璃器皿、天花板上的枝形吊灯、豪华家具、丝织品、绣花织品以及大府第中的园林与各种各样的戏园子和草台班子的演出(例如杂耍、歌唱剧和滑稽剧)课以重税。总而言之一句话,对这类以显摆阔气和娱乐休闲为目的的事物应加重抽税,因为它们的唯一用处是招摇过市,引人注目,如果人们不去看它们,它们就一点用处也没有。用不着担心这种税只是对那些并非绝对的生活必需品征的,因而是偶尔才收而不会经常都有的。有些人之所以持这种看法,是由于对人的习性不十分了解;他们认为,人们虽一度耽于奢侈,但将来总有一天会改掉这种爱好的。然而实际情况并非如此,有些人可以千百次舍弃生活必需品,宁可饿死,也不愿意表现得穷酸丢面子。这种情况,从他们的开销的不断增加就可看出来。有些人甚至以自己使用的物品的价格之高和纳税之多来炫耀他们的富有。世上只要有富人,他们就会使自己表现得处处与穷人不同;国家不可能设想还有其他税种比这种根据贫富差异征的税不加重人民的负担和更

① 请参见本书第15页译注①。——译者

有保证地征收到手的了。

根据以上所说，我们还将发现：在这种使国家的财政增收和采取发展农业的办法来减轻农民的负担，并一点一点地使人们的财富都接近作为国家中坚力量的中等人家的水平的经济秩序中，工业是不会遭受任何一点损失的。我承认，这样的税收方法很可能使某些样式的产品迅速消失；不过，这只不过是为了让其他可使工人更能获益的产品取代它们，所以对税收毫无影响。总之，如果政府始终坚持对富人过多的财产征税，就一定会出现这样两种情况；一种情况是：富人不再过多地消费，从而把金钱只花费在有实际用途的事物上；这样做，对国家有利；这样的税收产生的效果比限制奢侈法产生的效果还好，国家的支出也将随着个人消费的减少而减少，国库的收入不仅一点不受影响，其支出反而会大幅度削减。另一种情况是：如果富人不减少他们的铺张浪费，国家就在税款中加征供国库急需之用的款项。在第一种情况下，国库将因少支出而富裕；在第二种情况下，国库将因对个人无谓的消费征税而使库银更加增多。

除以上所说的论点以外，我还应当阐述一个从政治权利的角度考虑的重要问题；对于这个问题，凡是一切都想独断专行的政府皆应十分注意。我已经说过，征人头税和对绝对的生活必需品征税，是直接侵犯个人财产权的，因此是直接损害政治社会的基础的，如果没有得到人民或其代表的明确同意便征收的话，那是会产生极其严重的后果的；而对于人们可以使用也可以不使用的物品征税，就不是这样了，因为个人不使用这种物品就不一定非交税不可，他交不交这种税，完全由他个人的意愿决定，因此每个纳税人的意愿就代替了大家的意愿，甚至在某种程度上就意味着得到了大家的同意，因为，只对那些愿意交这种税的人征收这种税，人们为什么要反对呢？我觉得，凡是法律不禁止的、也不违反风俗的、政府也能禁止的物品，就可以用征税的办法允许一些人花钱使用，例如政府可以禁止人们使用的豪华四轮大马车，政府就可以理直气壮地对使用这种马车的人课以重税。这是一个很明智的好办法，虽没有禁止他使用，但课以重税就等于是谴责了他；人们可以把这种税看作是一种罚款；用这种罚款来纠正它所惩罚的流弊。

也许有人会反驳我说，那些被博丹称为“横征暴敛的税吏”，即那些想方设法巧立名目征税的官员，是属于富裕阶层的人；他们是不会为了照顾别人而损自己的，是不会为了减轻穷人的负担而加重自己的负担的。这种看法是不对的。如果在每一个国家中由主权者委以治理人民之责的人都因当此官任此职便必然会成为人民的敌人的话，那就用不着探讨他们应当怎么做才能使人民幸福了。

图书在版编目(CIP)数据

政治经济学/(法)卢梭著;李平沤译.—北京:商务印书馆,2017
(汉译世界学术名著丛书:120年纪念版:珍藏本)
ISBN 978-7-100-14555-8

Ⅰ.①政… Ⅱ.①卢… ②李… Ⅲ.①政治经济学 Ⅳ.①F0

中国版本图书馆CIP数据核字(2017)第152433号

汉译世界学术名著丛书
(120年纪念版·珍藏本)
政治经济学
〔法〕卢梭 著
李平沤 译

商务印书馆出版
(北京王府井大街36号 邮政编码100710)
商务印书馆发行
北京市十月印刷有限公司印刷
ISBN 978-7-100-14555-8

2017年12月第1版 开本710×1000 1/16
2017年12月北京第1次印刷 印张3¾
定价:20.00元